কালীক্ষেত্র দীপিকা

বা

কালীঘাটের পুরাতত্ত্ব

ANTIQUITIES OF KALIGHAT

ত্রিকুল মুকুর প্রণেতা
শ্রীসূর্য্যকুমার চট্টোপাধ্যায়
প্রণীত

কলিকাতা

ভবানীপুরে—পার্থিব যন্ত্রে

শ্রীকালীপ্রসন্ন কাব্যবিশারদ দ্বারা মুদ্রিত।

১৮৯১

মূল্য ১।০ এক টাকা চারি আনা মাত্র

শ্রীরবীন্দ্রনাথ হালদার

সম্পাদিত

২০২৪

উৎসর্গ পত্র।

শিবে কল্যাণদে মাতঃ ভক্তানাং সিদ্ধিদায়িনি।

নমামিত্বাৎশ্রিয়া সূর্য্যকুমারঃ সস্তুতোদ্বিজঃ ॥ ১

সতি বক্তুৎ গুণান্ সর্ব্বে ন শক্তা মুনয়ন্তব

সর্ব্বমন্ত্রময়ী ত্বংহি সর্ব্বদেব স্বরূপিণী ॥ ২।

সর্ব্বাসাং পরমাত্বংহি হৃদ্বাচোরপ্যগোচরা।

তবসৃষ্টিং জগৎসর্ব্বং ভাষতে তবরূপতঃ ॥ ৩।

ত্বদীয়ং বস্তু বিমলে ত্বয়িন্যস্তং নমামকং

ত্বদ্দত্তবাক্যনিচয়ৈঃ কৃতমেতর্ম্ময়া শিবে ॥ ৪ ।

কালীক্ষেত্র দীপিকাখ্যং দদামি পাদয়োস্তব ।

গৃহাণ নকুলেশেন কৃপয়া পুস্তকত্বিদং ॥ ৫।

উপক্রমণিকা

প্রথম অধ্যায়।

পৌরাণিক ও তান্ত্রিক ধর্ম্ম।—আর্য্যধর্ম্ম-বৈদিক উপাসনা, উপনিষদ্, দর্শন শাস্ত্র, ব্রাহ্মণধর্ম্ম-মনুসংহিতা, ব্রহ্ম। বিষ্ণু শিব ও শক্তি, মূর্ত্তি পূজা, পুরাণ, উপপুরাণ ও তন্ত্র সঙ্কলনের সময়, পরস্পরের বিরোধী মত, হিন্দু শব্দ, পঞ্চ উপাসক।

দ্বিতীয় অধ্যায়

শক্তি পূজা। —আদ্যাবধি প্রচলন, ত্রিবিধ পূজা, তান্ত্রিক উপাসনা, তান্ত্রিক উপাসকগণ, প্রাচীন ভারতে শক্তি পূজা, দেবীপূজা প্রাচীন আর্য্য জাতির সাধারণ ধর্ম্ম।

তৃতীয় অধ্যায়

পীঠস্থানের উৎপত্তি।—দক্ষের যজ্ঞানুষ্ঠান, সতীর দেহত্যাগ, সুদর্শন ছিন্ন সতী অঙ্গ দেশান্তরে পতন, ব্রহ্মার শক্তি মূর্ত্তি স্থাপন, শিবের লিঙ্গরূপ ধারণ, একান্ন পীঠের উদ্ভব, দক্ষ যজ্ঞের কাল নিরূপণ।

চতুর্থ অধ্যায়

কালীঘাট পীঠস্থান। —সতীর দক্ষিণ পাদাঙ্গুলি পতন, ব্রহ্মার কালীমূর্ত্তি স্থাপন, কালীক্ষেত্র, —কালীঘাটে পতিত সতী অঙ্গ, কালীপীঠের শ্রেষ্ঠত্ব।

পৃ 48

পঞ্চম অধ্যায়

কালীঘাটের আদিম অবস্থা। —কালীপীঠ প্রকাশের সময় স্থানের পুর্ব্বাবস্থা, রামায়ণের কপিলাশ্রম, মহাভারতীয় সময়, পুরাণোক্ত সমতট, রসাতল প্রবেশ ও পুনরুত্থান, বৌদ্ধ প্রাধান্যের সময়, দশম শতাব্দীর অবস্থা, কালীঘাট অভিধেয়, দ্বাদশ শতাব্দীর স্থানীয় অবস্থা।

পৃ 53

ষষ্ঠ অধ্যায়।

কালীঘাটের আদিম অবস্থা। —(দ্বিতীয় প্রস্তাব) — পঞ্চদশ শতাব্দী চৈতন্য দেবের সময় ; ষোড়শ শতাব্দী, আইন আকবরি, কালীকোটা, কবিকঙ্কণ চণ্ডী, সপ্তদশ শতাব্দী, ইংরাজ কোম্পানী,

কলিকাতা ; অষ্টাদশ শতাব্দী, মিসেস্ কিণ্ডারলি, গঙ্গাভক্তি তরঙ্গিণী ; কালীঘাটে গ্রাম সন্নিবেশ।

পৃ 66

সপ্তম অধ্যায় ।

কালীমূর্ত্তির প্রথম আবিষ্কার । —অরণ্যবাসী ব্রহ্মচারী কর্তৃক প্রকাশ, সন্তোষ রায় কর্তৃক জনসমাজে প্রচার, প্রত্যাদেশ মতে কেশব রায় জমীদার কর্তৃক মুখমণ্ডল প্রাপ্ত হওন, নিযুক্ত পরিচারক মনোহর ঘোষাল আত্মারাম ব্রহ্মচারী, নিযুক্ত পুরোহিত চণ্ডীবর, প্রথম প্রকাশ বিষয়ক মন্তব্য, কাপালিকগণ কর্তৃক পূজা, ব্রহ্মচারী কর্তৃক পরিচর্য্যা, যশোহরের অধিকার ভুক্ত।

পৃ 74

অষ্টম অধ্যায়

কালীর সেবাইত ও অধিকারী। – (হালদার বংশ) – ভূবনেশ্বর ব্রহ্মচারী, শিষ্য বসন্তরায়, চণ্ডীবর তপস্বী, রঘুনন্দন স্মার্ত্ত, রঘুনাথ শিরোমণি, নিমাই গৌরাঙ্গ, দেবীবর ঘটক, ভূবনেশ্বরের জামাতা

5

ভবানীদাস চক্রবর্ত্তী, কালাপাহাড়, পাঁচজন সেবাইত, পালাক্রমে সেবা, স্বতন্ত্র পুরোহিত, সেবাইতগণের হালদার উপাধি।

পৃ ৪৬

নবম অধ্যায়

বড়িষার সাবর্ণি চৌধুরী জমীদার। —সাবর্ণি গোত্রধারী বেদগর্ভ, কামদেব গঙ্গোপাধ্যায় ব্রহ্মচারী, রাজা মানসিংহ, লক্ষ্মীকান্ত মজুমদার জাইগীর সনন্দ, গৌরহরি ও শ্রীমন্ত, কেশব রায় চৌধুরী জমীদার, বড়িষা বাস, ইংরাজ কোম্পানির মৌজা ক্রয়, সন্তোষ রায়, সন্তোষের বন্দী হওন ও মুক্তিলাভ, ভূমি দান, চিরস্থায়ী বন্দোবস্ত, সন্তোষ রায় সমাজ পতি, কালীর মন্দির নির্মাণের সূত্রপাত।

পৃ ৯৭

দশম অধ্যায়

কালীর দেবত্তর সম্পত্তি। — (১) দেবত্তর ভূমি, পরিমাণ, কাহা কর্তৃক প্রদত্ত, কুলীন ব্রাহ্মণগণের কালীঘাটে বাস, কোম্পানীর দেওয়ানী প্রাপ্তি হুজুরিমল্ল, দেবত্তর ক্রোক ও ছাড়। (২) কালীকুণ্ড হ্রদ। (৩) কালীর মন্দির, পুরাতন মন্দির, কালিপ্রসাদ দত্ত, বর্তমান বড় মন্দির নির্ম্মাণ। (৪) কালী মূর্তি, অলঙ্কারাদি, কালীকূপ। (৫)

৬

নিত্য পূজা, আয়ব্যয় সাময়িক উৎসব। বিগ্রহ শ্যামরায়, প্রাত্যহিক পূজা, সাময়িক উৎসব, গোটিরায়

একাদশ অধ্যায়

স্বয়ম্ভূ লিঙ্গ নকুলেশ্বর। – শৈব সম্প্রদায়, শৈব মঠ, ত্রিকোণেশ্বর, নির্গুণ উপাসনী, লিঙ্গ পূজা, বিবিধ লিঙ্গ-স্বয়ম্ভূ বাণ ও কৃত্রিম লিঙ্গ, মঠ মদির, তারা সিংহ, বাৎসরিক পর্ব্ব, চড়ক, শিবভক্তি প্রদায়িনী সভা। শ্মশান ভূমি। দেবত্তর ইমারতের তালিকা ও নির্ম্মাণের সময়।

দ্বাদশ অধ্যায়

সাময়িক অবস্থার সমালোচনা। – অধিবাসী, রাস্তাঘাট, ডাক ও পুলিষ, হাট বাজার, বিদ্যাচর্চ্চা-ইংরাজী বাঙ্গালা ও সংস্কৃত, ধর্ম্মসংস্কার, ধর্ম্মশালা।

পরিশিষ্ট

বংশীয় ব্যক্তিগণের প্রাদুর্ভাব

সময়ের তুলনা

(চ)। কালীঘাটের দেবত্তর.   পৃ 162

ভূমি ক্রোক সম্বন্ধীয় ডেপুটী

কালেক্টরের রিপোর্ট ও কমিশনর

সাহেবের রোবকারী।

চিত্র।

(১) কালীর পুরী.   সম্মুখ

(২) কালীঘাটের বৈববরণিক

মানচিত্র।

(৩) অধুনা বড় হালদার বংশ

তালিকা।

(৪) ইংরাজ বাহাদুর...বাদী   ;

কালীঠাকুরাণীর সেবায়েতবৃন্দ : প্রতিবাদী

সার্টিফাইয়েড কপি

* * * * * * *

প্রকাশকের নিবেদন

শ্রীশ্রীদক্ষিণকালীমাতা ঠাকুরাণী সহায়

কালীক্ষেত্র দীপিকা – কালীঘাটের পুরাতত্ত্ব বইখানি একটি অমূল্য সম্পদ। কালীঘাট মন্দিরের বিষয়ে অন্যান্য প্রকাশিত বইগুলিতে ভিত্তিহীন অলৌকিকতা আধুনিক জনমানসে সন্দেহের উদ্রেক করে। কালীঘাট একটী পীঠ স্থান। ইহা শাক্ত্যদিগের মহা তীর্থ স্থান হইলেও স্বয়ম্ভূ নকুলেশ্বর ও শ্যামরায় বিগ্রহ বিরাজমান থাকায় সকল সাম্প্রদায়িক লোকে এখানে আগমন করিয়া থাকেন। অনেক জ্ঞানীগুণী বিদেশী পণ্ডিতেরা কালীঘাট কালী মন্দিরের সঠিক বিবরণে আগ্রহী। এই কালীঘাটের উৎপত্তি, প্রাচীন অবস্থা প্রভৃতি ঐতিহাসিক বৃত্তান্ত সম্বলিত এই বইখানি কালীঘাট সম্পর্কে প্রকাশিত অন্যান্য বইয়ের থেকে স্বতন্ত্র। অনেকে সাধারণ জনরব ঘটিত দুএকটী গল্প মাত্র শুনিয়া গিয়া সে গুলিকে ইহার ঐতিহাসিক বৃত্তান্ত বলিয়া প্রকাশিত করেন। যার ফলে অনেক ভুল তথ্য জনমানসে ভীড় করে আছে। এই বইটির তথ্য সেই সমস্ত ভ্রান্ত ধারণা দূর করিবার ক্ষমতা রাখে। লেখকের

আর্য্যজাতির সম্বন্ধে ধারণা ও বক্তব্য সম্পূর্ণরূপে তাঁরই। প্রকাশকের দ্বিমত প্রকাশ করা অপ্রয়োজনীয় মনে করি।

এই বইটি প্রকাশের সময় ১৮৯১ সন। এতদিন পূর্বে এই ধরণের একটি নির্ভুল মুদ্রণ সত্যই প্রশংসনীয়। লেখকের অক্লান্ত পরিশ্রমের ফল এই বইটি। আশা করি এই পুণর্মুদ্রিত বইটি কেবল হালদার বংশীয়রা নন , সমস্ত কালীভক্ত ও ইতিহাস প্রেমিক সুধীগণও সাদরে গ্রহণ করিবেন।

আরো একটি কথা বলার প্রয়োজন আছে এই বইটি পুন:প্রকাশের কারণ হিসাবে। প্রকাশক নিজে কালীঘাট কালী মন্দিরের সেবায়েত জ্যেষ্ঠ হালদার বংশের অধস্তন ২৬ তম পুরুষ। নিজ বংশের সঠিক তথ্য দেওয়াটা তাঁহার কর্তব্য। হালদার বংশের সাম্প্রতিকতম বংশ পরিচয় ও ইংরাজ বাহাদুরের সহিত মামলার সার্টিফায়েড কপি বইয়ের শেষে দ্রষ্টব্য।

বইটি নিখুত সম্পাদনার জন্য প্রকাশক তাঁহার বন্ধু শ্রীলোকেন্দ্রনাথ রায়চৌধুরীর নিকট চিরকৃতজ্ঞ রহিবেন।

শ্রীতন্ময় বেরার প্রচ্ছদ পরিকল্পনার জন্য প্রকাশক বাধিত থাকিবেন।

উপক্রমণিকা ।

শিবে ! কালিকাদ্যা দশাশ্চর্য্য বিদ্যা, দৈশবাবতারাঃ স্ফীতের্ভারহারাঃ ।
পুরা মীনপূর্ব্বা অভূবঃ পূর্ব্বাঃ, ভূমিচ্ছামযী যত্র ন সম্ভাবি কিং তৎ ॥
কেচিৎ ধনানি দদতে ক্ষতি বা যজন্তে অন্যে তপো বিদধতে চ ধিযং শ্রযন্তে ।
মুক্ত্যৈ সশক্ত্রয ইমে তব বামপদ থর্ব্বাঙ্গুলী নখর কোণ দযাপ্ত বীক্ষে (ভিক্ষে) ।

কালীঘাট ভারতবর্ষের রাজধানী কলিকাতার রাজপ্রাসাদ হইতে প্রায় দেড়ক্রোশ দক্ষিণে আদি গঙ্গার পূর্ব্ব পারে অবস্থিত। ইহার উত্তর সীমা কালীঘাট রোড ও বলরাম বসুর ঘাট রোড, পূর্ব্ব সীমা রসারোড, দক্ষিণ সীমা নেপাল ভট্টাচার্য্যের লেন ও পশ্চিম সীমা আদি গঙ্গা (টলিনালা)। কালীঘাট শব্দে "কালীর ঘাট" অর্থাৎ কালীদেবীর সম্মুখীন গঙ্গার ঘাট মাত্র বুঝায়। কিন্তু এক্ষণে ভবানীপুরের দক্ষিণ, বেলতলার পশ্চিম, সাহানগরের উত্তর ও আদি গঙ্গার পূর্ব্ব উল্লিখিত সীমান্তর্গত সমুদয় স্থান কালীঘাট নামে অভিহিত হইয়া থাকে। কালীঘাট ও তৎসংলগ্ন স্থান অন্যূন ৬০০ বিঘা ভূমি কালীর দেবত্তর সম্পত্তি। ইহার মধ্যে কালীর পুরী অর্থাৎ যাহাতে কালীর মন্দির নাট্যমন্দির প্রভৃতি অধিষ্ঠিত আছে তাহা সর্ব্বশুদ্ধ এক বিঘা এগার কাঠা তিন ছটাক ভূমি। মন্দিরে কালীর মূর্ত্তি বিরাজমানা আছে। পুরীর ঠিক পূর্ব্বাংশে কালীকুণ্ড হ্রদ। পুরীর পশ্চিম দিকে পুরীর তোরণ দ্বার, তাহার সম্মুখে গঙ্গার ঘাট। তোরণ দ্বারের উপরিভাগে নহবৎখানা। পুরীর ঈশান

কোণে প্রায় ২০০ দুই শত হস্ত দূরে নকুলেশ্বর ভৈরব বিরাজ করিতেছেন। কালীর মূর্তি কেবল মাত্র প্রস্তর খোদিত মুখমণ্ডল কিন্তু জিহ্বা ও চারি হস্ত সুবর্ণ নির্ম্মিত ও নানা অলঙ্কারে অলঙ্কৃত।

কালীর দৈনিক সেবা কালীর বর্তমান অধিকারী পাণ্ডা হালদারগণ ও তাঁহাদের দৌহিত্রগণ কর্তৃক পালাক্রমে সম্পাদিত হইয়া থাকে। যে দিন যাহার পালা পড়ে তিনি সে দিনের পূজা নির্ব্বাহ করেন। কালীর বেশকার মিশ্র, পুরোহিত, ঘোড়েল, চৌকীদার প্রভৃতির ও অন্যান্য সমস্ত বিষয়ের উপর হালদারগণ তত্ত্বাবধারণ করেন। পূজার পর বৈকালে কালীর ভোগ হইয়া থাকে, ভোগের পর মন্দিরের দ্বার রুদ্ধ হয়। পরে সন্ধ্যাকালে আরতির সময় আবার দ্বার খোলা হয় এবং যাত্রীর আধিক্যানুসারে রাত্রে দ্বার বন্ধ হয়। যাহার যে দিন পালা হয় তিনিই সেই দিনের সেবার ব্যয় নির্ব্বাহ করেন এবং পূর্ব্বোক্ত মিশ্র পুরোহিতাদির বেতন দিয়া থাকেন। সমাগত যাত্রীদিগের দত্ত পূজাদিতে যাহা কিছু আয় হয় সে সকলই পালাদারের প্রাপ্য হয়। প্রাত্যহিক পূজা ব্যতীত বাৎসরিক কয়েকটা উৎসবে কালীঘাটে বহুসংখ্যক লোকের সমাগম হইয়া থাকে যথা স্নানযাত্রা, শ্রীরামনবমী, জন্মাষ্টমী, শারদীয় মহোৎসব ও শ্যামাপূজা প্রভৃতি। কালী ঠাকুরাণীর সাধারণ ভূমি সম্পত্তির উপসত্ত্ব হইতে সাময়িক উৎসবের সমস্ত ব্যয় নির্ব্বাহ না হইলে সেবাইতগণ ও তাঁহাদের দৌহিত্রগণ সময় সময়ে চাঁদা

করিয়া সে সমুদয় ব্যয় নির্ব্বাহ করিয়া থাকেন। কালীঘাট ইতিপূর্ব্বে কলিকাতার উপনগরের মধ্যে পরিগণিত ছিল। সম্প্রতি ১৮৮৮ সালের মিউনিশিপাল আইন অনুসারে উহা কলিকাতার অন্তর্ভুত হইয়াছে। রাজধানীর নিকট বলিয়া ও যাতায়াতের সুবিধা আছে বলিয়া অন্যান্য তীর্থ অপেক্ষা কালীঘাট বিশেষ বিখ্যাত হইয়াছে ও ইহার আয় ও সমধিক বৃদ্ধি প্রাপ্ত হইয়াছে। দুর্গাপূজার তিন দিন এখানে বিস্তর লোকের সমাগম হয়। বিশেষ মহাষ্টমীর দিন এরূপ লোকারণ্য হয় যে পুলিষ হইতে ২০।২৫ জন কনষ্টেবল ও ২।৩ জন ইনপেক্টরকে ভিড় থামাইবার জন্য দিবারাত্র উপস্থিত থাকিতে হয়। প্রাতঃকাল হইতে বেলা ২।৩টা পর্য্যন্ত কালীঘাট রোডে গাড়ীর যাতায়াত বন্ধ থাকে। দুর্গোৎসবের কয়েকদিন প্রত্যহ ১৫।১৬ শতের অধিক ছাগ মহিষাদি বলি হইয়া থাকে। অন্যান্য দিনও অন্যূন শতাধিক ছাগ মহিষাদি বলি হইয়া থাকে। ইহা ব্যতীত অন্যান্য পর্ব্বদিনে বলির সংখ্যা বৃদ্ধি হইয়া থাকে। এ সকল একত্র করিলে বৎসরে অন্যূন ৫০ হাজার বলি অর্থাৎ প্রতি দ্বিতীয় বৎসরের শেষে লক্ষ বলির অধিক হইয়া থাকে। কালীঘাট একটী পীঠস্থান। ইহা শাক্তদিগের মহা তীর্থ স্থান হইলেও স্বয়ম্ভূ নকুলেশ্বর ও শ্যামরায় বিগ্রহ বিরাজমান থাকায় সকল সাম্প্রদায়িক লোকে এখানে আগমন করিয়া থাকেন। এই কালীঘাটের উৎপত্তি, প্রাচীন অবস্থা প্রভৃতি ঐতিহাসিক বৃত্তান্ত অবগত হইতে অনেকের কৌতূহল জন্মিয়াছে। বিশেষতঃ

কলিকাতার সন্নিকট বিধায় অনেকানেক ইউরোপ ও আমেরিকাবাসী মহানুভব ব্যক্তিগণ কালীঘাটে আসিয়া, ইহার পূর্ব্ব বৃত্তান্তে অবগত হইবার জন্য আগ্রহ প্রকাশ করেন। অনেকে সাধারণ জনরব ঘটিত দুএকটী গল্প মাত্র শুনিয়া গিয়া সে গুলিকে ইহার ঐতিহাসিক বৃত্তান্ত বলিয়া প্রকাশিত করেন। ফলতঃ বৈদেশিক ভিন্ন ভিন্ন ব্যক্তির লিখিত কালীঘাটের বৃত্তান্তে পরস্পর অনৈক্য আছে। স্বদেশের পুরাবৃত্ত অবগত হইতে সহজেই কৌতূহল জন্মে। তিন চারি পুরুষ ক্রমান্বয়ে কালীঘাটে, বাস বিধায় বহুদিন হইতে এই স্থানের ঐতিহাসিক বৃত্তান্ত সংগ্রহ করিতে চেষ্টা করি। কিন্তু বয়োধিক্য ও শারীরিক অসুস্থতা নিবন্ধন বিষয় কার্য্যে অবসর গ্রহণ করিতে বাধ্য হইয়া এ মানস পরিত্যাগ করিতে হইয়াছিল। মৎ সঙ্কলিত "ত্রিকুল মুকুর" গ্রন্থ প্রকাশিত হইবার পর আমার কয়েকজন বন্ধু ও প্রতিবেশী পূর্ব্ব সংগৃহিত কালীঘাটের ঐতিহাসিক বিবরণ পুস্তকাকারে প্রকাশ করিতে অনুরোধ করেন এবং কালীঘাট সম্বন্ধীয় দুএকটি কাগজ পত্র আমাকে প্রদান করেন। ইহাদের ও অন্যান্য প্রতিবেশীগণের আগ্রহে ও উৎসাহে এরূপ বার্দ্ধক্যাবস্থায় অশক্ত শরীরে যতদূর সংগ্রহ করিতে পারিয়াছি পুস্তকাকারে পাঠক সমাজে উপস্থিত করিতে বাধ্য হইলাম। ইহাতে কতদূর কৃতকার্য্য হইয়াছি বলিতে পারি না।

কালীক্ষেত্র দীপিকা

প্রথম অধ্যায়

পৌরাণিক ও তান্ত্রিক ধর্ম্ম

যা কালী সেব কৃষ্ণঃস্যাৎ, যঃ কৃষ্ণঃ স শিবঃ স্মৃতঃ ।
এষাং ভেদো ন কর্ত্তব্যো যদীচ্ছেদাত্মনো হিতং ॥
কালীবিলাস তন্ত্র ।

কালীঘাট হিন্দুদিগের মহাতীর্থ স্থান। ইহার মূলান্বেষণ করিতে হইলে পৌরাণিক ও তান্ত্রিক ধর্ম্মের কিঞ্চিৎ সমালোচনা করিতে হয়। প্রাচীন বৈদিক ধর্ম্ম ক্রমশঃ পরিবর্ত্তিত ও রূপান্তরিত হইয়া বর্ত্তমান হিন্দুধর্ম্মে পরিণত হইয়াছে।

বেদ সংহিতা ভারতবর্ষীয় হিন্দুধর্ম্মের আদিম অবস্থা প্রকটন করিতেছে। আর্য্যভাষায় বেদের মত প্রাচীন গ্রন্থ আর নাই। বৈদিক সময়ে ভারতবর্ষীয় আর্য্যগণ এক নিরাকার ঈশ্বররই

উপাসনা করিতেন। স্বহাদি দ্বারা আহুতি দিবার প্রথা ও যাগ যজ্ঞানুষ্ঠান সে সময় প্রচলিত ছিল। বেদে – ইন্দ্র, অগ্নি, সোম, মিত্র, বরুণ প্রভৃতি দেবতার ও নদী বিশেষের স্তুতি দেখিতে পাওয়া যায় বটে, কিন্তু মূর্ত্তি পূজার কোন উল্লেখ দেখা যায় না। ফলতঃ প্রাচীন আর্য্যগণ এক দেবতারই উপাসক ছিলেন। ভক্তি রসার্ত্ত চিত্ত সরলমতি হিন্দু আর্য্যগণ নৈসর্গিক বস্তুর অসামান্য প্রভাব উপকারিত্ব সন্দর্শন করিয়া বিমোহিত হইতেন। তাঁহারা পর্ব্বত , নদী প্রভৃতির অত্যদ্ভূত শোভা অবলোকন করিয়া প্রীতিরসে অভিষিক্ত হইতেন এবং উন্নত নয়নে তেজোময় নভোমণ্ডলে দৃষ্টিপাত করিয়া স্তুতিগর্ভ সুমধুর ঋক্ উদগীরণ পূর্ব্বক এক ঈশ্বরেরই মহিমা কীর্ত্তন করিতেন।

সংস্কৃতজ্ঞ সুবিখ্যাত পণ্ডিত ভট্ট মোক্ষমুলর সাহেব বলেন "আর্য্য হিন্দুগণ এক দেবতার উপাসক ছিলেন। যখন যে দেবতার স্তুতি করিতেন তখন তাঁহাকে পরাৎপর পরমেশ্বর বলিয়া। কীর্ত্তন করিতেন।" * ঋগ্বেদোক্ত ইন্দ্র, মিত্র, বরুণ, অগ্নি প্রভৃতি দেবগণ ভিন্ন ভিন্ন দেবতা নন, এক দেবতারই ভিন্ন ভিন্ন নাম মাত্র।

" ইন্দ্রং মিত্রং বরুণমগ্নি মাহুরত সন্তপর্ণ গরুতা
[1]একং সদ্বিপ্রা বহুধা বদন্তি।" – ঋগ্বেদ সংহিতা।"

---

[1] Ancient Sanskrit Literature by Max Muller P 564

আর্য্যহিন্দুগণ যে এক ঈশ্বরেরই উপাসক ছিলেন তাহা বেদ সংহিতার অব্যবহিত পরে রচিত উপনিষদে সুস্পষ্ট দেখিতে পাওয়া যায়। বাস্তবিক উপনিষদ্‌ ভারতবর্ষীয় আর্য্যজাতির মার্জিত বুদ্ধির পরিচায়ক। উপনিষদের মধ্যে জ্ঞান ও বিশ্বাসের যেমন অপূর্ব্ব সম্মিলন দেখিতে পাওয়া যায় এমন আর কোথাও নাই। উপনিষদ্‌ ভারতবর্ষীয় প্রাচীন হিন্দুগণের অধ্যাত্ম উন্নতির উজ্জ্বল কীর্ত্তিস্তম্ভ স্বরূপ। উপনিষদ্‌ প্রণয়নের সময় তাঁহারা বুদ্ধি ও ধর্ম্মতত্ত্বজ্ঞান বিষয়ে জগতের সভ্য সমাজের উচ্চতর পদবীতে অধিরূঢ় ছিলেন সন্দেহ নাই।

আর্য্যহিন্দুগণের ভারতবর্ষে উপনিবেশের পর হইতে বৈদিক ধর্ম্মের ক্রমশঃ পরিবর্তন ঘটিতে লাগিল। বেদ– সংহিতা ও উপনিষদ্‌ অবলম্বন করিয়া পরমার্থতত্ত্ব অনুসন্ধায়ী দর্শন শাস্ত্র বহির্গত হইল। জগতে মনুষ্যের দুঃখ নাশ এবং মুক্তি ও সদ‍গতি সাধনের উপায় নির্দ্ধারণের বিচার দর্শন শাস্ত্রে দেখিতে পাওয়া যায়। এসময় অপর সাধারণ সকলে বেদের মন্ত্র উচ্চারণ পূর্ব্বক দেবগণের স্তুতিপাঠ, দেবগণকে হবি প্রদান, ও বৈদিক যজ্ঞানুষ্ঠানে রত থাকিতেন এবং অল্প লোকে ঋষিগণই অধ্যাত্ম বিষয় পর্য্যালোচনা এবং তত্ত্বজ্ঞান ও যোগ সাধনা করিতে সমর্থ হইতেন।

বৈদিক যজ্ঞানুষ্ঠানের সঙ্গে সঙ্গে অগ্নি, বায়ু সূর্য্য, বরুণ প্রভৃতির অধিষ্ঠাত্রী দেবতা কল্পনার সূত্রপাত হয় । এবং তৎসঙ্গে সঙ্গেই অতি প্রাচীন বৈদিক ধর্ম্মস্থলে পৌরাণিক ধর্ম্ম ও মূর্তিপূজা

সংস্থাপিত হয়। পৌরাণিক ধর্ম্মে ব্রহ্মা বিষ্ণু শিব ও তদীয় শক্তিগণের আরাধনাই সর্ব্বপ্রধান । পূর্ব্বকালীন বৈদিক সময়ের অব্যবহিত পরেই যে পৌরাণিক ধর্ম্ম একেবারে প্রচলিত হয় এমত নহে। এ উভয়ের মধ্যস্থলে হিন্দুধর্ম্মের আর একরূপ অবস্থা ঘটে ঐ অবস্থার বিষয় মনুসংহিতায় দেখিতে পাওয়া যায়। আর্য্য হিন্দুগণের ভারতবর্ষে প্রবেশ ও উপনিবেশের পরে তাঁহাদের মধ্যে সমাজ বন্ধন হয়। এই সমাজ বন্ধনের সময মনুসংহিতা রচিত হয়। মনুর সময়ে হিন্দুগণ পশ্চিমে সিন্ধু নদ হইতে পূর্ব্বে প্রয়াগ পর্যন্ত এবং উত্তরে হিমালয় হইতে দক্ষিণে বিন্ধ্যাচল পর্য্যন্ত তাবদ্দেশ অধিকার পূর্ব্বক গ্রাম ও নগর নির্ম্মাণ করিয়াছিলেন। এ সমুদয় দেশকে তাঁহারা মধ্যদেশ বলিতেন। ইহার মধ্যে সরস্বতী ও দৃষদ্বতী নদীদ্বয়ের মধ্যবর্তী স্থানকে তাঁহারা ব্রহ্মাবর্তদেশ বলিতেন। মনুসংহিতায় ঐ প্রদেশের অসাধারণ মাহাত্ম্য ও অলৌকিক পুণ্যশালিত্ব বর্ণিত আছে। মনু ব্রহ্মাবর্তদেশকে দেবনির্ম্মিত বলিয়াছেন এবং ঐ দেশের ব্রাহ্মণাদিবর্ণের যেরূপ আচার ব্যবহার পরস্পরানুসারে প্রচলিত আছে তাহাই সদাচার। মনুর সময় হিন্দুসমাজ ব্রাহ্মণ ক্ষত্রিয় বৈশ্য শূদ্র এই চারি বর্ণে ও নানাবিধ বর্ণ সঙ্করে বিভক্ত হইয়াছিল। ব্রাহ্মণের মহিমা ও প্রভূত্ব অদ্বিতীয় ছিল। এই সময়কে ব্রাহ্মণ প্রাধান্য কাল বলা যায়। মনুসংহিতায় পরব্রহ্মের উপাসনা সর্ব্বপ্রধান ও পরিশুদ্ধ ধর্ম্ম বলিয়া উক্ত আছে। বেদসংহিতায়

ব্রহ্মার নাম মাত্র দৃষ্ট হয় না। কিন্তু মনুসংহিতায় ব্রহ্মা প্রধান দেব বলিয়া বর্ণিত হইয়াছেন। বৈদিক কালের ঋগ্বেদসংহিতায় বিরাট পুরুষের উল্লেখ দেখা যায়। মনুসংহিতার ব্রহ্মা [2]ঋগ্বেদোক্ত বিরাট পুরুষের নামান্তর মাত্র*। পৌরাণিক ধর্ম্ম প্রচলিত হইয়া ব্রহ্মার পূজা লোপ হইয়াছে তৎস্থানে, বিষ্ণু শিব ও তাঁহাদের শক্তির উপাসনা প্রবল হইয়াছে। কেবল সামবেদীয় ব্রাহ্মণগণের সন্ধ্যাবন্দনাদিতে ব্রহ্মার উপাসনা রহিয়া গিয়াছে।

ব্রাহ্মণ প্রাধান্য সময়ে প্রতিমা পূজা প্রবর্তিত হইয়াছিল দেখিতে পাওয়া যায়, কারণ মনুসংহিতায় দেবল ব্রাহ্মণের প্রসঙ্গ আছে। কিন্তু দেবলের প্রতি অশ্রদ্ধা প্রকাশ করা হইয়াছে দেখিয়া বোধ হয় যে বেদজ্ঞ ব্রাহ্মণেরা আত্মতত্ত্ব বিষয়ে তৎপর ছিলেন এবং অপর সাধারণ লোকে দেবমূর্ত্তির পূজা করিত। দেবগণকে ঘৃতাহুতি প্রদান, যাগযজ্ঞাদি বৈদিক ক্রিয়া এবং ছাগ মেষ মৃগ মহিষাদির

---

[2] * হিমবদ্বিন্ধ্যয়োর্মধ্যং যৎপ্রাশ্বিলশনাদপি ।
প্রত্যগের প্রয়াগাচ্চ মধ্যদেশঃ প্রকীর্ত্তিতঃ ॥ ১৬। সরস্বতী দৃষদ্বত্যোদেবনদোর্ষদন্তরং
তং দেব নির্ম্মিতং দেশং ব্রহ্মাবর্ত্তং প্রচক্ষ্যতে ॥ ১৭ ।
তস্মিন্ দেশে য আচার পারম্পর্য্য ক্রমাগতঃ ।
বর্ণানাং সান্তরালানাং স সদাচার উচ্যতে । ১৮।
মনুসংহিতা। ২ অধ্যায় ।

মাংস ভোজন প্রচলিত ছিল। শ্রাদ্ধ উপলক্ষে মাংস দ্বারা পিতৃলোকের তৃপ্তিসাধন করিবার বিশেষ ব্যবস্থা দেখা যায়। এই মনুর সময়ই পৌরাণিক ধর্ম্মের সূত্রপাত বলিতে হইবে। মনুসংহিতায় বিষ্ণু ও শিব, লক্ষ্মী ও ভদ্রকালীর নাম দেব সংখ্যার মধ্যে ছিল বটে কিন্তু তাঁহাদের উপাসনা তত প্রবল ছিল না।

পরে পুরাণ ও তন্ত্রে তাঁহাদিগকে সর্ব্বোচ্চ পদবী প্রদান করা হইয়াছে এবং [3]তদবধি তাঁহাদের উপাসনা প্রবল হইয়াছে। সুপ্রাচীন রামায়ণ ও মহাভারতীয় সময়ে বিষ্ণু, শিব ও তাহাদের শক্তির উপাসনা প্রচলিত হইয়াছিল দেখা যায়। পুরাণ সঙ্কলনের পর হিন্দুধর্ম প্রচারকদিগের যত্নে তাহাদের উপাসনা বিশেষ প্রবল হইয়াছে।

পুরাণ শব্দের অর্থ প্রাচীন। তদনুসারে প্রাচীন ঘটনাদির বিবরণ করাই পুরাণের উদ্দেশ্য। কোন কোন উপনিষদে পুরাণ পঞ্চম

---

[3] * তস্মাদ্ বিরাড় জায়ত বিরাজো অধিপুরুষঃ ।

ঋগ্বেদসংহিতা : ম।৯০ মূ। ৫খ

তাঁহা হইতে বিরাট জন্মগ্রহণ করিলেন এবং বিরাট হইতে পুরুষ উৎপন্ন হইলেন' ।

তস্মিন্ যজ্ঞে স্বয়ং ব্রহ্মা সর্বলোক পিতামহঃ ।

মনুসংহিতা ১অ। ১ শ্লোক ।

সেই (অণ্ড) হইতে সর্ব্বলোক পিতামহ ব্রহ্মা উৎপন্ন হইলেন। + মনুসংহিতা ৩য়। ২৬৮–২৭২ ।

বেদ স্বরূপ বলিয়া উক্ত হইয়াছে। বেদের অন্তর্গত ব্রাহ্মণ, উপনিষদ্‌, মনুসংহিতা, রামায়ণ ও মহাভারতাদি প্রাচীন গ্রন্থে ও পুরাণের প্রসঙ্গ দেখিতে পাওয়া যায়। ইহাতে বোধ হয় ঐ সকল রচিত হইবার সময় এক প্রকার পুরাণ প্রচলিত ছিল। সূতেরা তাহা রাজাদিগের নিকট কীর্ত্তন করিতেন। রামায়ণে সূত সুমন্ত্র পুরাণবেত্তা বলিয়া বর্ণিত হইয়াছে। এক্ষণকার প্রচলিত পুরাণ সমূহে যে সকল রাজ বংশের উল্লেখ দেখিতে পাওয়া যায় সে সকল উক্ত প্রাচীন সময়ের অনেক পরে প্রাদুর্ভূত হইয়া ছিলেন। অতএব দেখা যাইতেছে যে মহাভারতাদি প্রাচীন গ্রন্থে উল্লিখিত পুরাণ আর এক্ষণকার প্রচলিত পুরাণ বিভিন্ন গ্রন্থ। বোধ হয় প্রাচীন কালের পুরাণে ভিন্ন ভিন্ন সময়ে ভিন্ন ভিন্ন লোক কর্তৃক[4] অন্যান্য অংশ সংযোজিত হইয়া ক্রমশ তাহা রূপান্তরিত হইয়াছে। অনেকের এরূপ বিশ্বাস যে বেদব্যাস সমগ্র মহাভারত ও অষ্টাদশ পুরাণ প্রণয়ন করেন। কিন্তু একথা অপ্রামাণিক কারণ বর্তমান

---

[4] আখ্যানৈশ্চাদ্যুপাখ্যানৈ গাথাভিঃ কল্পগুদ্ধিভিঃ। পুরাণ সংহিতাং চক্রে পুরাণার্থ বিশারদঃ ।

১৬।

প্রখ্যাতো ব্যাস শিষ্যোভূৎ হুতো বৈ লোমহর্ষণঃ। পুরাণসংহিতাং তৈস্মে দদৌ ব্যাসো মহামুনিঃ ॥ ১৭।

বিষ্ণুপুরাণ ৩ অংশ ৬ অধ্যায় ।

প্রচলিত পুরাণের মধেই দেখা যায় যে বেদব্যাস একখানি মাত্র পুরাণ রচনা করিয়াছিলেন। বিষ্ণুপুরাণের ৩য় অংশ ৬ অধ্যায়ে ইহা সুস্পষ্টরূপে লিখিত আছে। পুরাণার্থবিৎ বেদব্যাস আখ্যান, উপাখ্যান, গাথা ও কল্প শুদ্ধি লইয়া একখানি পুরাণ রচনা পূর্ব্বক সুপ্রসিদ্ধ শিষ্য সৃত কুলোদ্ভব লোমহর্ষণকে প্রদান করেন।

যাহা হউক বিষ্ণুপুরাণের বচন অনুসারে দেখা যায় যে বেদব্যাস কৃত একখানি পুরাণ পূর্ব্বে ছিল। এক্ষণে তাহা স্বতন্ত্র বিদ্যমান নাই। এক্ষণকার অষ্টাদশ পুরাণ সে পুরাণ হইতে বিভিন্ন। সেই পুরাণে ভিন্ন ভিন্ন লোক কর্তৃক ভিন্ন ভিন্ন সময়ে অন্যান্য বিষয় সংযোজিত হইয়া ভিন্ন ভিন্ন পুরাণ হইয়াছে। এই অষ্টাদশ পুরাণ যে একেবারে এক সময়ে সংকলিত হইয়াছে তাহাও নহে। পুরাণ সমুদয় ক্রমাগত পরিবর্তিত হইয়া আসিতেছে এবং তাহাতে কালে কালে নূতন নূতন বিষয় সংযোজিত হইয়াছে।

অমরসিংহ কৃত "অমরকোষ" নামক অভিধানে লিখিত আছে "পুরাণং পঞ্চলক্ষণং" পুরাণের পাঁচ লক্ষণ। ঐ গ্রন্থের টীকাকারেরা ঐ পাঁচ লক্ষণের নির্দ্দেশ করিয়াছেন।

"সর্গশ্চ প্রতিসর্গশ্চ বংশোমন্বন্তরাণিচ ।
বংশানুচরিতঞ্চৈব পুরাণং পঞ্চ লক্ষণং ॥"

অতএব দেখা যাইতেছে অমর সিংহের সময় যে সকল পুরাণ প্রচলিত ছিল তাহাতে সৃষ্টি, বিশেষ সৃষ্টি, বংশবিবরণ, মন্বন্তর এবং

রাজবংশের বিবরণ সন্নিবেশিত ছিল। ধর্ম্মোপদেশ পুরাণের উদ্দেশ্য ছিল না। কিন্তু এক্ষণকার প্রচলিত অধিকাংশ পুরাণে সৃষ্টি বিশেষ সৃষ্টি মন্বন্তর ও রাজবংশের উপাখ্যান ব্যতীত দেবদেবীর মাহাত্ম্য ও অন্যান্য পারমার্থিক বিষয়ের দৃষ্ট হয়। পুরাণে ঐ সকল দেবদেবীর মাহাত্ম্য অমরসিংহের সময় ছিল না। অমরসিংহ উজ্জয়িনীরাজ বিক্রমাদিত্যের সভার নবরত্নের এক রত্ন (ধন্বন্তরি, ক্ষপণক, অমরসিংহ, শঙ্কু, বেতালভট্ট, ঘটকর্পর, বরাহমিহির, বররুচি, ও কালিদাস ইহারা বিক্রমাদিত্যের সভার নবরত্ন)।

বিক্রমাদিত্য খৃষ্টের ৫৭ বৎসর পূর্ব্বে বর্তমান ছিলেন। সুতরাং অতিরিক্ত দেবদেবীর মাহাত্ম্য সময়ের পরে সন্নিবেশিত হইয়াছে সন্দেহ নাই।

প্রচলিত পুরাণ সমূহ বেদব্যাস কৃত না হইলেও একজনের রচিত নহে। ভিন্ন ভিন্ন ঋষি কর্তৃক ভিন্ন ভিন্ন পুরাণ সঙ্কলিত হইয়াছে কারণ এক এক পুরাণ এক এক দেবদেবীর মাহাত্ম্য বিবরণে পরিপূর্ণ।যে পুরাণকর্তা যখন যে দেবদেবীর মাহাত্ম্য বর্ণন করিয়াছেন তখন তাঁহাকে সর্ব্বোচ্চ পদবী প্রদান করিয়াছেন। যে পুরাণে বিষ্ণুর উপাসনা প্রধান বলিয়া বিবেচিত হইয়াছে তাহাতে শক্তির উপাসনার দোষ উল্লিখিত আছে। আবার তামসিক পুরাণে বিষ্ণু উপাসনার নিন্দা করা হইয়াছে। প্রচলিত পুরাণ সমুহের মধ্যে উপাসনার এইরূপ, পার্থক্য, তদনুবর্তিত উপাসকগণের মধ্যে পরস্পর বিদ্বেষ ভাব জন্মাইবার প্রধান কারণ। সমুদয় পুরাণগুলি

এক জনের লিখিত হইলে কখন উপাসনার এতদূর প্রভেদ লক্ষিত হইত না।

ভাগবত একখানি বৈষ্ণব প্রধান পুরাণ

ভাগবতের প্রথম স্কন্দের চতুর্থ অধ্যায়ে লিখিত আছে যে বেদব্যাস পুরাণ ও ইতিহাস লিখিয়া পরিতৃপ্ত না হইয়া ভাগবত রচনা করেন। অতএব দেখা যাইতেছে যে একপ্রকার পুরাণ প্রচলিত ছিল তাহার পর ভাগবত লিখিত হইয়াছে। অষ্টাদশ পুরাণ বেদব্যাস কর্তৃক লিখিত হইলে ভাগবতের কথা অনুসারে পুরাণ ও ইতিহাস (মহাভারত) লেখার পর বেদব্যাস যখন ভাগবত রচনা করিয়াছেন তখন ভাগবতকে পুরাণের মধ্যে গণনা করিলে বেদব্যাস ঊনবিংশ পুরাণ লিখিয়াছিলেন বলিতে হইবে। অতএব দেখা যাইতেছে বেদব্যাস একখানিমাত্র পুরাণ রচনা করিয়া লোমহর্ষণকে দিয়াছিলেন ও পরে ভাগবত রচনা করেন। পরিশেষে বেদব্যাস লিখিত পুরাণে কালে কালে নানা বিষয় সংযোজিত হইয়া একখানির স্থলে পুরাণ ক্রমশ অষ্টাদশ হইয়া দাঁড়াইয়াছে। ব্যাস শব্দের ধাত্বর্থ সঙ্কলনকর্তা। বোধ হয় যে যে ঋষি পুরাণ সঙ্কলন করিতেন তাঁহাদেরই সাধারণ উপাধি ব্যাস ছিল। কিন্তু বেদব্যাস যিনি একখানি পুরাণ রচনা করিয়া লোমহর্ষণকে দিয়াছিলেন ও যিনি মহাভারত ও ভাগবত রচনা করিয়াছেন তিনিই যে সমুদয় অষ্টাদশ পুরাণ লিখিয়াছেন একথা বিষ্ণুপুরাণ

ও ভাগবতের বচনানুসারে কোন ক্রমে প্রামাণিক বলিয়া বোধ হয় না। এতদ্ব্যতীত ভিন্ন ভিন্ন পুরাণে ভিন্ন ভিন্ন উপাসনার প্রবর্তনা, এবং রচনা বিষয়ে পুরাণ সমুহের ভাষা চাতুর্য্যের পার্থক্য দৃষ্টি করিলে সমুদয় অষ্টাদশ পুরাণ একজন ব্যাসের লেখনী নির্গত বলিয়া সন্দেহ উপস্থিত হয়।

প্রচলিত অষ্টাদশ পুরাণ যথা।—

১ বায়ু বা শিবপুরাণ।

২ অগ্নি	৭ বামন।	১৩ মার্কণ্ডেয়
৩ মৎস্য।	৮ নারদীয়।	১৪ ব্রহ্ম
৪ বরাহ।	৯ পদ্ম।	১৫ ব্রহ্মাণ্ড
৫ কূর্ম্ম।	১০ লিঙ্গ।	১৬ ব্রহ্মবৈবর্ত্ত
৬ গরুড়।	১১ বিষ্ণু।	১৭ স্কন্দ
	১২ ভাগবত।	১৮ ভবিষ্য

এই সকলের মধ্যে শিব বা বায়ু পুরাণ, মৎস্য ও বিষ্ণুপুরাণে অমরকোষোক্ত পুরাণের পঞ্চ লক্ষণের সমধিক প্রাধান্য দেখা যায়। এজন্য এ গুলিকে পুরাণ সমূহের মধ্যে প্রাচীন বলিয়া বোধ হয়।

দেবীভাগবত – শিব-শক্তি মাহাত্ম্য প্রধান ।

উপাসনা প্রণালীর সংখ্যা যত বৃদ্ধি পাইয়াছে পুরাণের সংখ্যা তত বৃদ্ধি পাইয়া আসিয়াছে। অষ্টাদশের অতিরিক্ত যে সকল পুরাণ বাহির হইয়াছে তাহা উপপুরাণ অর্থাৎ পুরাণের পরিশিষ্ট হইয়াছে। পুরাণের সংখ্যার মধ্যে কেবল মাত্র “ভাগবতম্” এই শব্দ দেখিতে পাওয়া যায়। কিন্তু দেবীভাগবত বলিয়া বিশেষ কিছু উক্ত হয় নাই। ভাগবত বলিলে সাধারণতঃ বৈষ্ণব প্রধান শ্রীমদ্ভাগবতকে বুঝাইয়া থাকে। কিন্তু অনেকে ঐ ভাগবতম্ শব্দ স্থলে দেবীভাগবতকে পুরাণের মধ্যে গণনা করেন। দেবীভাগবতে অষ্টাদশ উপপুরাণের নাম লিখিত আছে। অতএব ঐ উপপুরাণগুলি রচিত হইবার পর দেবীভাগবত রচিত হইয়াছে সন্দেহ নাই। বাস্তবিক ধরিতে গেলে দেবীভাগবত অপেক্ষাকৃত অপ্রাচীন গ্রন্থ এবং উপপুরাণ মধ্যে পরিগণনীয়। উপপুরাণের সংখ্যা যে কেবল অষ্টাদশ তাহাও নহে। সমুদয় উপপুরাণ একত্র করিলে বিংশের ও অধিক হইয়া পড়ে।

উপপুরাণ যথা

১ নৃসিংহ।   ২ নারদীয় ৩ দুর্ব্বাসস। ৪ কাপিল

৫ আদিত্য।   ৬ ভার্গব   ৭ মানব।   ৮ কালিকা

৯ নন্দী।   ১০ মাহেশ্বর ১১ বাশিষ্ঠ। ১২ শাম্ব

১৩ সনৎকুমার। ১৪ কৃল্কি ১৫ বৃহদ্ধর্ম ১৬ মুদ্গল

১৭ ব্রহ্মাণ্ড ১৮ ভবিষ্য ১৯ (দেবীভাগবত বা মহাভাগবত) ২০ শিব।

উপপুরাণে, দেবদেবীর মাহাত্ম্য ব্যতীত পীঠস্থানের উৎপত্তি ও বর্ণনা দেখিতে পাওয়া যায়। অনেক উপপুরাণে তন্ত্র শাস্ত্রের উল্লেখ আছে। ইহাতে বোধ হয়, কয়েকখানি তন্ত্র প্রচার হইবার ও পীঠস্থানগুলির আবিষ্কারের পর ঐ ঐ উপপুরাণগুলি রচিত হওয়া অসম্ভব নহে। উপাসনা ভেদে পুরাণ ও উপপুরাণ সাত্ত্বিক, রাজসিক ও তামসিক এই ত্রিবিধ শ্রেণীতে বিভক্ত হইয়াছে। কোন কোন পুরাণ ও উপপুরাণ বিষ্ণুপ্রধান অর্থাৎ বিষ্ণুর উপাসনা প্রবর্তক। কতকগুলি শিবপ্রধান অর্থাৎ শিবের উপাসনা প্রবর্তক এবং অপরগুলি শক্তিপ্রধান। তন্ত্রগুলি সমস্তই শিবশক্তি প্রধান। তন্ত্রশাস্ত্র সর্ব্বাপেক্ষা অপ্রাচীন। দু একটা যামল ব্যতীত অন্যান্য তন্ত্রগুলি অতীব অপ্রাচীন উপপুরাণের পরে রচিত। কেবল বঙ্গদেশেই তান্ত্রিক উপাসনার সমধিক প্রাধান্য দেখা যায়। তন্ত্রশাস্ত্রের সংখ্য ঠিক করা সুকঠিন। তন্মধ্যে নির্ব্বাণ, কুলাবতী, কালীবিলাস, কামাখ্যা, বিশ্বসার, পিচ্ছিলা, চূড়ামণি, সারদাতিলক, কুলার্ণব, নিত্যাতন্ত্র, নিরুত্তর, মেরু, শ্যামারহস্য, যোগিনী, রাধা, গুপ্তসাধন, বৃহদ্যামল প্রভৃতি সমধিক প্রসিদ্ধ। তন্ত্রশাস্ত্রের সংখ্যা ঠিক হইবার নহে। এখনও অনেক নূতন নূতন তন্ত্রের নাম শুনিতে পাওয়া যায়। সৃষ্টি, মন্বন্তর, পীঠস্থানের বর্ণনা ও শিবশক্তি

(আদ্যাশক্তি) মাহাত্ম্য বিবরণ ব্যতীত তন্ত্রে অন্তর্যোগ, শিব ও শক্তি পূজা, পদ্ধতি পূজা প্রভৃতি অন্যান্য অনেক বিষয় দেখিতে পাওয়া যায়।

বিভিন্ন দেশীয় ও বিভিন্ন প্রকৃতীয় লোকের পরস্পর সংসৃষ্ট বশতঃ এবং দেশের জলবায়ুর তারতম্য হেতু সামাজিক রীতিনীতির ও লোকের ধর্মপ্রবৃত্তির পরিবর্তন ঘটা সহজ। সুতরাং ভারতবর্ষে উপনিবেশের পর হইতে আদিম আর্য্যধর্ম্ম ক্রমশঃ পরিবর্তন হইয়া আসিতেছিল। প্রাচীন বৈদিক ধর্ম্ম স্থলে পৌরাণিক ধর্ম ক্রমশঃ অলক্ষিত ভাবে আসিয়া পড়িল। যাগ যজ্ঞাদি বৈদিক ক্রিয়া স্থলে ব্রত উৎসবাদি প্রচলিত হইল। ওদিকে আবার আর্য্যধর্ম্ম বৃক্ষের মূল হইতে একটী নূতন অঙ্কুর বৌদ্ধধর্ম্ম বহির্গত হইল। তাহা বহুকাল ভারতে প্রচলিত ছিল। খৃষ্টের পূর্ব্বে ষষ্ঠ শতাব্দীতে শাক্য মুনি এই ধর্ম্ম প্রচার করেন। অশোক ইহার সমধিক শ্রীবৃদ্ধি সাধন করেন। খৃষ্টাব্দের সপ্তম শতাব্দীর পর হইতে উহা ভারতবর্ষ হইতে তিরোহিত হইতে আরম্ভ হয়। বৌদ্ধেরা ভারতে আপনাদের আধিপত্য স্থাপন করিলে ব্রাহ্মণদিগের ক্ষমতার হ্রাস হইতেছিল। এজন্য হিন্দুধর্ম প্রচারকেরা বৌদ্ধ ধর্ম্মের উচ্ছেদ মানসে পুরাণ ও তন্ত্রোক্ত উপাসনা প্রচারে যত্নবান হয়েন। সুতরাং হিন্দুধর্ম্ম প্রচারকেরা ঐ সপ্তম শতাব্দীর পূর্ব্ব হইতে পুরাণ ও তন্ত্রোক্ত উপাসনাদির প্রচার আরম্ভ করিয়া ছিলেন সন্দেহ নাই। পরে কুমারিল, শঙ্করাচার্য্য এবং রামানুজ,

কবির ও চৈতন্য প্রভৃতি হিন্দুধর্ম্ম প্রচারকগণের যত্নে শিব ও বিষ্ণুর উপাসনা প্রবল হইয়াছে এবং আগমবাগীশ প্রভৃতির যত্নে বঙ্গদেশে তন্ত্রোক্ত উপাসনা অর্থাৎ শিবশক্তির উপাসনা প্রাধান্য লাভ করিয়াছে। অতএব দেখা যাইতেছে অমরসিংহের সময়ের পরে কোন সময়ে পূর্ব্ব প্রচলিত পঞ্চ লক্ষণাক্রান্ত পুরাণে নানা দেবদেবী মাহাত্ম্য বর্ণন ও বিবিধ ধর্ম্মোপদেশ প্রক্ষিপ্ত হইয়া বর্ত্তমান প্রচলিত পুরাণ সমূহ গঠিত হইয়াছে। বর্ত্তমান প্রচলিত অষ্টাদশ পুরাণের মধ্যে কোনটী কোন সময়ে সঙ্কলিত হইয়াছে তাহা স্থির করা সুকঠিন। অনেক উপপুরাণে বুদ্ধের নাম ও যবনের প্রসঙ্গ থাকায় বোধ হয় উপপুরাণগুলির মধ্যে কতকগুলি বুদ্ধের প্রাদুর্ভাবের পর ও অপরগুলি উহারও অনেক পরে রচিত হইয়া থাকিবে। তন্ত্রের মধ্যে দুএকটী ব্যতীত কতকগুলি ভারতে বৌদ্ধপ্রাধান্যের সময় এবং অধিকাংশগুলি মুসলমান অধিকারের প্রথমে ও কতকগুলি আবার তাহার অনেক পরে রচিত হইয়াছে। অনেকের এরূপ বিশ্বাস যে পুরাণ স্বতঃসিদ্ধ নিত্য পদার্থ। বেদের অপেক্ষাও প্রাচীন। ব্রহ্মা অগ্রে পুরাণ প্রকাশ করেন পরে বেদ তাঁহার মুখ হইতে বিনির্গত হয়। অনেক পুরাণের মধ্যেও এরূপ দেখিতে পাওয়া যায় ।

প্রথমং সর্ব্বশাস্ত্রাণাং পুরাণং ব্রহ্মণা স্বতং ।
অনত্তরং চ বক্ত্রে ভ্যে। বেদান্তস্য বিনিঃসৃতাঃ ॥
বায়ুপুরাণ । ১অ । ৫৬ শ্লো ।

পুরাণং সর্ব্বশাস্ত্রাণাং প্রথমং ব্রহ্মণ! স্মৃতম্ ।
নিত্যং শব্দময়ং পুণ্যং শতকোটিপ্রবিস্তরং
মৎস্যপুরাণ। ত অ। ৩

ফলতঃ ব্রাহ্মণ, আরণ্যক, উপনিষদ, মনুসংহিতা, রামায়ণ মহাভারতাদি সুপ্রাচীন গ্রন্থে উল্লিখিত পুরাণ অন্যরূপ ছিল। তাহা এখন আর স্বতন্ত্র বিদ্যমান নাই। এইরূপে অন্যান্য অনেক হিন্দুধর্ম্ম শাস্ত্রের লোপ হইয়াছে। বর্ত্তমান প্রচলিত পুরাণ সমূহ পর্য্যালোচনা করিয়া দেখিলে ইহা স্পষ্ট প্রতীয়মান হয় যে স্বধর্ম্মানুরাগী পণ্ডিতগণ স্ব স্ব মতানুযায়ী ধর্ম্মপ্রণালী প্রচলন উদ্দেশ্যে পূর্ব্ব প্রচলিত বেদব্যাস কৃত পুরাণের রূপান্তর ঘটাইয়াছেন এবং তাঁহার নামে সেই সমস্ত প্রচার করিয়াছেন। বাস্তবিক তন্ত্রের ও ভিন্ন ভিন্ন পুরাণের উপাসনা সম্বন্ধীয় বিরুদ্ধমত ও পরস্পর বিদ্বেষভাব এই বিষয়ের পোষকতা করিতেছে।

মোহাদ্যঃ পূজয়েদন্যাং স পাষণ্ডী ভবিষ্যতি ।
ইতরেষাস্তদেবানাং নির্ম্মাল্যং গর্হিতং ভবেৎ ॥
সকদেব হি যোঽশ্নাতি ব্রাহ্মণোজ্ঞানদুর্ব্বলঃ।
নির্ম্মাল্যং শঙ্করাদিনাং স চাণ্ডালো ভবেৎ এবং ॥
পদ্মপুরাণ । উত্তরখণ্ড । ৭৮ অ ।

যদি কোন ব্যক্তি মোহবশতঃ (বিষ্ণু ভিন্ন) অন্য দেবতার উপাসনা করে সে পাষণ্ড হইবে। অন্য দেবতার নির্ম্মাল্য গর্হিত। যে

অল্পজ্ঞান ব্রাহ্মণ একবার মাত্র শিবাদির প্রসাদ সামগ্রী ভোজন করিবে সে নিশ্চিত চণ্ডাল হইবে।

সৌরস্য গাণপত্যস্য শৈবাদে ভূ রিমানিনঃ ।
শাক্তস্য বৈষ্ণবোবারি হস্তেয়ং পরিত্যজেৎ
পদ্মপুরাণ। উত্তরখণ্ড। ১০০ অ।

সৌর, গাণপত্য, শৈব ও শাক্তের হস্তে অন্ন জল গ্রহণ বৈষ্ণব পরিত্যাগ করিবে।

ধ্যানং হোমস্তপস্তপ্তং জ্ঞানং যজ্ঞাদিকোবিধিঃ।
তেষাং বিনশ্যতি ক্ষিপ্রং যে নিন্দস্তি পিনাকিণং॥
কুর্ম্মপুরাণ । ২৫ অ ।

যাহারা শিবনিন্দা করে তাহাদিগের ধ্যান হোম তপ জ্ঞান ও যজ্ঞাদি বিধি সমুদয় তৎক্ষণাৎ বিনষ্ট হয়।

ভগবত্যাঃ কালিকায়া মাহাত্ম্যং যত্র বর্ণতে।
নানা দৈত্যবধোপেতং তদ্বৈ ভাগবতং বিছঃ ॥
স্কন্দ পুরাণ॥

যে গ্রন্থে অনেকানেক অসুর বধের সহিত ভগবতী কালিকার মাহাত্ম্য বর্ণন আছে, পণ্ডিতেরা তাহাকেই ভাগবত বলিয়া জানেন।
বেদা বিনিন্দিতা যস্মাৎ বিষ্ণুলা বুদ্ধরূপিণা ।

হরের্নাম ন গৃহীয়াৎ ন স্পৃশেৎ তুলসীদলং ।
কুলাবর্তী তন্ত্র ।ট

বিষ্ণু বুদ্ধরূপ ধারণ করিয়া বেদের নিন্দা করিয়াছেন, অতএব হরিনাম গ্রহণ করিবে না এবং তুলসী পত্রও স্পর্শ করিবে না! এইরূপ পরস্পর বিরুদ্ধ মত পুরাণাদিতে বহু পরিমাণে লক্ষিত হয়। এরূপ পরস্পর বিদ্বেষ সূচক বাক্য এক লেখনী বিনির্গত বলিয়া কখনই বিশ্বাস করা যায় না। ভিন্ন ভিন্ন ব্যক্তি ব্রহ্মা বিষ্ণু, শিব এই ত্রিমূর্ত্তির এবং বিশেষত বিষ্ণু শিব ও তদীয় শক্তিগণের আরাধনা প্রকাশে আর্য্যধর্ম্মের পুনরুদ্দীপন মানসে পুরাণের নানারূপ অভিনব বেশ সম্পাদন করিয়া গিয়াছেন।

ইদানীং হিন্দু ধর্ম্মাবলম্বীদিগের মধ্যে শাক্ত, শৈব, বৈষ্ণব সৌর, ও গাণপত্য এই পাঁচ উপাসক সম্প্রদায় সমধিক প্রবল ও প্রসিদ্ধ। এই সকল সম্প্রদায় পৌরাণিক ধর্ম্ম প্রচারের সময় গঠিত হয়। সকলেরই ধর্ম্মানুষ্ঠান ও উপাস্য দেবতা ভিন্ন ভিন্ন হইলেও সকলেই হিন্দু বলিয়া পরিচিত হন। হিন্দু উহাদের সকলের সাধারণ নাম। বৈদিক ধর্ম্ম ক্রমশ পরিবর্ত্তিত ও রূপান্তরিত হইয়া কাল সহকারে হিন্দুধর্ম্ম বসিয়া বিখ্যাত হইয়াছে। বেদ, স্মৃতি, দর্শন, ও রামায়ণাদি কোন প্রাচীন গ্রন্থে "হিন্দু" * শব্দ দেখিতে পাওয়া যায় না। তন্ত্র বিশেষে হিন্দু শব্দের উল্লেখ ও ব্যুৎপত্তি দেখিতে পাওয়া যায় :

(হি—হীন, দু-দোষ ; হিন্দু অর্থাৎ দোষহীন, বিশুদ্ধ) **। অতএব দেখা যাইতেছে যে "হিন্দু" নাম আধুনিক ।

দ্বিতীয় অধ্যায়

শক্তিপূজা

কেহ কখন আপন জন্ম বৃত্তান্ত স্বয়ং অবগত হইতে পারে না। কাহারও নিকট তাহা না শুনিলে তদ্বিষয়ে কিছুই বলিতে পারে না। অতএব আদিম কালের বিষয় অনুসন্ধান করিতে হইলে শাস্ত্রে পূর্ব্ববৃত্তান্ত যেরূপ বর্ণিত আছে তাহাই মূল ধরিতে হইবে। সৃষ্টির প্রথম হইতেই শক্তি পূজার উল্লেখ পাওয়া যায়। সকল শক্তিপ্রধান পুরাণে ও উপপুরাণে এবং তন্ত্রে শক্তি ভিন্ন সৃষ্টি হয় নাই এরূপ দেখিতে পাওয়া যায়। অনাদি জগদ্যোগী সৃষ্টি [5]করিতে মানস করিয়া প্রথমে মহামায়ার উদ্ভব করেন পরে সেই প্রকৃতি

---

[5] ইউরোপীয় শব্দবিদ্যাবিদ্ পণ্ডিতেরা কহেন যে পারসিক "সপ্তহেন্দু" শব্দ সংস্কৃত "সপ্তসিন্ধু" শব্দের অপভ্রংশ মাত্র। "হিন্দু" শব্দ পারসিক অবস্তার অন্তর্গত ঐ হিন্দু শব্দের রূপান্তর।+"হীনঞ্চ দূষয়ত্যেব হিন্দু রিত্যুচতে প্রিয়ে!" মেরুতন্ত্র ২৩ প্রকাশ।

ও পুরুষ বা শক্তি ও ব্রহ্ম হইতে যাবতীয়, জীবসমূহ পরিপূর্ণ জগতের উৎপত্তি হয়।

এক ঈশঃ প্রথমতো বিষাপো বঙ্গবঙ্গঃ ।
এক স্ত্রী বিষ্ণুমায়া তা পুমানেকঃ স্বয়ং বিভুঃ ।
ইতি নারদ পঞ্চরাত্র দ্বিতীয় রাত্রে ৩য় অধ্যায়
২৪ শ্লোক ।

" আদ্যা নারায়ণী শক্তিঃ দৃষ্টিস্থিত্যন্ত কারিণী ।
করোমি চ যয়া সৃষ্টিঃ গয়া ব্রহ্মাদি দেবতা ।
ঘয়া জায়তে বিশ্বঞ্চ যয়া সৃষ্টিঃ প্রজায়তে ।
যয়া বিনা জগন্নাস্তি ময়া হত্তা শিবায় ।
ব্রহ্মবৈবর্ত পুরাণে নন্দং প্রতি ঐকৃষ্ণ বাক্যং।
" মায়াস্ত প্রকৃতিং বিদ্যাম্মারিনন্ত মহেশ্বরঃ ।
শ্বেতাশ্বতরোপনিষৎ । ৪ । ১০।

বেদে পুরুষ প্রজাপতি হইতে সৃষ্টি হইয়াছে দেখা যায় । কিন্তু মনুসংহিতায় নারী ও পুরুষ হইতে সমুদয় উৎপন্ন হইয়াছে।
দ্বিধা কৃত্বাত্মনো দেহমর্দ্ধেন পুরুষোহভবৎ ।
অর্দ্ধেন নারী তল্যাং স বিরাজমসৃজৎ প্রভুঃ ।
মনুসংহিতা । ১ । ৩২।

সকল শক্তি প্রধান পুরাণ ও তন্ত্র, শক্তিকে ব্রহ্মা বিষ্ণু ও শিব তিনেরই প্রসবিত্রী বলিয়া বর্ণন করিয়াছেন ।

বিষ্ণুঃ শরীর গ্রহণমহমীশান এব চ।
কারিতান্তে যতোহতত্তাং কঃ স্তোতুং শক্তিমান্ ভবেৎ ।
মার্কণ্ডেয় পুরাণান্তর্গত দেবীমাহাত্ম্য চণ্ডী ।

(হে ভগবতি) তুমি আমার (ব্রহ্মার) বিষ্ণুর ও শিবের শরীর উৎপাদন করিয়াছ। অতএব কে তোমার স্তব করিতে সক্ষম?

এই সকল পর্যালোচনা করিয়া দেখিলে মনুসংহিতার নারী ও পৌরাণিক মতে শক্তি একই বলিয়া বোধ হয়। সৃষ্টি ব্যাপার পুরাণে সত্যযুগের ঘটনা বলিয়া উক্ত আছে। বাস্তবিক সত্যযুগ মনুষ্য জাতির শৈশবাবস্থা। কাণ্ডীয়, মিসরীয়, য়িহুদীয় ও গ্রীক প্রভৃতি প্রাচীন জাতির ইতিহাসে আদিম সৃষ্টির বিষয় যেরূপ লিখিত আছে তাহা পরস্পর অনৈক্য হইলেও মূল যে এক তাহার কোন সংশয় থাকে না।

পূর্ব্বে বলা হইয়াছে অনেক পুরাণ ও উপপুরাণ শক্তি- মাহাত্ম্যে পরিপূর্ণ। ঐ সকল পুরাণে ও উপপুরাণে এবং তন্ত্রে উক্ত আছে সৃষ্টির প্রাক্কাল হইতে শক্তি পূজা চলিয়া আসিতেছে। সৃষ্টি করণের নিমিত্ত আদিষ্ট হইয়া ব্রহ্মা প্রথমে মহামায়ার পূজা করেন। পরে তিনি পৃথিবী মনুষ্যাদি সৃষ্টি করিতে সক্ষম হন। ইহার পর ভিন্ন ভিন্ন ব্যক্তি ভিন্ন ভিন্ন সময়ে স্বাভীষ্ট সিদ্ধির নিমিত্ত শক্তির আরাধনা করিয়া ছিলেন।

"প্রথমে পূজিতা সাচ কৃষ্ণেণ পরমাত্মনা ।
বৃন্দাবনে চ স্বষ্ট্যাদ্যৌ গোলকে রাসমণ্ডলে ॥
মধুকৈটর ভীতেন ব্রহ্মণ। স। দ্বিতীয়তঃ ।
ত্রিপুর-প্রেসিতেনৈব তৃতীয়ে ত্রিপুরারিণা ॥
ভ্রষ্টশ্রিয়। মহেন্দ্রেনসাপাদ্দুর্বাসস পুরা ।
চতুর্থে পূজিতা দেবী ভক্ত্য; ভগবতী সতী ॥
তদা মুনীন্দ্রে সিদ্ধেন্দ্রে দে বৈশ্চ মনুমানবৈঃ।
পূজিতা সর্ব্ববিশ্বেষ বভূব সর্ব্বতঃ সদা ।"

ব্রহ্মবৈবর্ত্ত পুরাণ ।

সৃষ্টির আদিতে গোলকে এবং বৃন্দাবনে পরমাত্মা কৃষ্ণ কর্তৃক দেবী প্রথমে পূজিতা হয়েন। দ্বিতীয়তঃ মধুকৈটভ ভয়ে ভীত হইয়া ব্রহ্মা দেবীর পূজা করেন। তৃতীয়ে ত্রিপুরারি ও চতুর্থে দুর্ব্বাসা' শাপে শ্রীভ্রষ্ট ইন্দ্র কর্তৃক দেবী পূজিতা হন। পরে মুনীন্দ্র, সিদ্ধেন্দ্র, দেবগণ, ও মনুমানবগণ কর্তৃক সমস্ত পৃথিবীতে দেবী পূজা প্রচলিত হয়।

কথিত আছে দুর্বৃত্ত ও অসুরগণ পৃথিবীতে জন্মগ্রহণ করিয়া সনাতন ধর্ম্মের মূলোচ্ছেদনে প্রবৃত্ত হইলে ভক্তগণ অসুর দমনে অক্ষম হইয়া দেবীর আরাধনা করিয়া তাহাদিগকে বিনাশ করিতে সক্ষম হন। কখন কখন বা দেবী স্বয়ং যুদ্ধে অবতীর্ণ হইয়া

অসুর ধ্বংস করেন। তদবধি দেবীর ভিন্ন ভিন্ন আখ্যা দেখিতে পাওয়া যায়।

ভেজঃসু সর্ব্বদেবানাং পুরা সত্যে তবাজ্ঞয়া।
অধিষ্ঠানং কৃতং তত্র ধৃত দিরাং
শরীরকং । গুস্তাদরাশ্চ দৈত্যাশ্চ নিহতাশাবলীলয়া।
দুর্গর্ণনিত্য দুর্গাহংত্রিপুরা ত্রিপুরে বধে ॥নিয়তা রক্তবীজঞ্চ রক্তবীজ বিনাশিনী
।রক্তবীজস্য যুদ্ধেচ কালীচ মূর্ত্তি ভেদঃ ।তবাজ্ঞয়া দক্ষ কন্যা সতী সত্য স্বরূপিনী ।
তন্নিন্দয়া পুরা ত্যক্ত।সা চাহং শৈলকন্যকা ।”
ব্রহ্মবৈবর্ত্তপুরাণে কৃষ্ণং প্রতি পার্ব্বতী বাক্যং ।

বস্তুতঃ শক্তি পূজা এদেশে অতি প্রাচীন কাল হইতে, প্রচলিত আছে। পুরাণ অপেক্ষা প্রাচীনতর রামায়ণ ও মহাভারত প্রভৃতি গ্রন্থে শিব ও শক্তির মাহাত্ম্য বর্ণন দেখিতে পাওয়া যায়। তদপেক্ষায় প্রাচীন মনুসংহিতার বচন বিশেষে লক্ষ্মী ও ভদ্রকালীর নাম দৃষ্ট হইয়া থাকে। পৌরাণিক মতে তাহা বিষ্ণুশক্তি ও শিবশক্তি।

শাস্ত্রে শক্তি পূজা ত্রিবিধ লিখিত আছে। সাত্ত্বিকী, রাজসী ও তামসী।

“চণ্ডিকা পূজা ত্রিবিধা পরিগীয়তে।
সাত্ত্বিকী, রাজসীচৈব তামসী চেতি বিশ্রুতি
সাত্ত্বিকী যপযজ্ঞাদ্যৈনেবেদ্যৈশ্চ নিরামিষৈঃ ।
মাহাত্ম্যং ভগবত্যাশ্চ পুরাণাদিষু কীর্ত্তিভং

পাঠন্তস্য যপ প্রোক্তঃ পঠেদ্দেবীমনস্তথা ।
দেবীমুক্ত যপশ্চৈব যজ্ঞে! বহ্নিষু তর্পণং ॥
রাজসী বলিদানৈশ্চ নৈবেদ্যৈ: সামিষৈস্তথা ।
সুরামাংসাদ্যুপহারৈ যপযজ্ঞে বিনাতু যা ॥
বিনামন্ত্রৈস্তামসী স্যাৎকিরাতা নাস্তসম্মতা ।
ব্রাহ্মণৈঃ ক্ষত্রিয়ে বৈশ্যঃ শূদ্রেরন্যেশ্চনেনবৈঃ ॥"

কালিকাপুরাণ ।

জপ , যজ্ঞ, মাহাত্ম্যাদি পাঠ ও নিরামিষ নৈবেদ্যাদি দ্বারা পূজার নাম সাত্ত্বিক পূজা। তার জপ যজ্ঞ ব্যতীত কেবল বলিদান ও সামিষ নৈবেদ্য ও মদ্যাদি দ্বারা এবং দেবীর মাহাত্ম্যাদি পাঠ দ্বারা পূজার নাম রাজসিক, তামসিক পূজা বিনা মন্ত্রে হইয়া থাকে।

শিব–শক্তি অর্থাৎ কালী তারা প্রভৃতি দশমহাবিদ্যার উপাসনাই শাক্ত সম্প্রদায়ের প্রধান উদ্দেশ্য। শক্তিপূজার বিধি ব্যবস্থাদি তন্ত্রশাস্ত্রে বিশেষরূপে বর্ণিত আছে। তন্ত্রোক্ত উপাসনা বৈদিক উপাসনা হইতে সম্পূর্ণ পৃথক। তান্ত্রিক উপাসকেরা দেবীর মূর্তি নির্ম্মাণ করিয়া মন্ত্র দ্বারা তাঁহার প্রাণ প্রতিষ্ঠা করেন এবং অধিকারি বিশেষে সাত্ত্বিক, রাজসিক বা তামসিক বিধানে তাঁহার অর্চ্চনা করিয়া থাকেন। তান্ত্রিক উপাসনায় গুরু–শিষ্য করণ একটী প্রধান নিয়ম। তান্ত্রিক গুরুরা শিষ্যদিগকে দীক্ষাকালে ইষ্টদেবতার বীজমন্ত্র উপদেশ দেন। সকলের দেবতা ও বীজ

ভিন্ন ভিন্ন। বীজ মন্ত্রগুলি অতীব গুহ্য। তাহা গোপন রাখিবার জন্য তন্ত্রে অনেক নূতন নূতন সাঙ্কেতিক শব্দ ব্যবহৃত হইয়াছে। তাহাদের অর্থ তন্ত্র ভিন্ন অন্য শাস্ত্রে পাওয়া যায় না।

তান্ত্রিক উপাসকেরা আবার দুই প্রধান শ্রেণীতে বিভক্ত – বীরাচারী ও পশ্বাচারী। বীরাচারীরা তামসিক উপাসক, মদ্য মাংস ব্যবহার করিয়া থাকেন। পশ্বাচারী শাক্তেরা রাজসিক মতে উপাসনা করেন। মদ্য মাংস গ্রহণ করেন না। কেবল মন্ত্রজপ ও পঞ্চ উপচার দ্বারা শক্তির পূজা করেন। কিন্তু উক্ত উভয় শ্রেণীরই মধ্যে পশু বলির বিধান আছে। তন্ত্রে উক্ত দুই প্রধান শ্রেণীকে আবার সাত প্রকার আচারে বিভাগ করা হইয়াছে যথা – কৌলাচার, বৈষ্ণবাচার, বেদাচার, শুদ্ধাচার (দক্ষিণাচার), শৈবাচার, বামাচার ও সিদ্ধান্তাচার। তন্ত্রে এগুলি বিশেষরূপে বর্ণিত আছে। কিন্তু উক্ত সাত প্রকারের মধ্যে বঙ্গদেশে দক্ষিণাচারী, বামাচারী ও কৌলাচারী শাক্তই অধিকাংশ দেখিতে পাওয়া যায়। শাক্তদিগের মধ্যে করারী, কাপালিক, ভৈরবী ও ভৈরব, অঘোর ঘট্টা প্রভৃতি কয়েকটী ভয়ঙ্কর ভয়ঙ্কর উপাসক ছিল। ইহারা গেরুয়াবস্ত্র, নরকপালযুক্তহস্ত এবং সুরা ও মাংস ব্যবহার করিত। পূর্ব্বে পথিকদিগকে কৌশলে লইয়া গিয়া অরণ্য মধ্যে প্রতিষ্ঠিত দেবীর সমীপে ইহারা বলি দিত। আজ কাল রাজশাসন ভয়ে এই সম্প্রদায়ীরা প্রায় লোপ পাইয়াছে। রত্নাবলী, প্রবোধ চন্দ্রোদয়,

মৃচ্ছকটিক ও মালতীমাধব প্রভৃতি সংস্কৃত নাটকে কাপালিকদিগের প্রাচীন সময়ে বিদ্যমান থাকার অনেক আভাস পাওয়া যায়। খৃষ্টাব্দের পূর্ব্বে তৃতীয় শতাব্দীতে গ্রীস দেশীয় দূত মিগাস্থনীস্ মগধের রাজধানী পাটলিপুত্র নগরে চন্দ্রগুপ্তের সভায় ছিলেন। তিনি তদানীন্তন সময়ের ভারতের এক অবস্থা লিখিয়া গিয়াছেন। তাঁহার লিখিত বিবরণ পাঠে অবগত হওয়া যায় যে শক্তির উপাসনা তখন ভারতে প্রবল ছিল। স্ত্রাবো ও আরিয়ন নামক গ্রীক গ্রন্থকারগণ খৃষ্টাব্দের পূর্ব্বে দ্বিতীয় শতাব্দীতে বর্ত্তমান ছিলেন। তাঁহাদের গ্রন্থে * দেখা যায় যে সে সময় ভারতে দেবী পূজার প্রাধান্য ছিল। উজ্জয়িনীর প্রসিদ্ধ রাজা বিক্রমাদিত্যের সমুদয় আখ্যান মধ্যেই শিব ও শক্তির ভূরি ভূরি প্রসঙ্গ দেখিতে পাওয়া যায়। বিক্রমাদিত্য খৃষ্টাব্দের ৫৭ বৎসর পূর্ব্বে বর্ত্তমান ছিলেন।

স্কন্দপুরাণের কুমারিকাখণ্ডে ৬দেখিতে পাওয়া যায় যে মৃচ্ছকটিক নাটক রচয়িতা শূদ্রক রাজা কলির ৩২৯০ বৎসর গত হইলে রাজ্য শাসন করিয়াছিলেন। অতএব খৃষ্টীয় দ্বিতীয় শতাব্দীতে শূদ্রক রাজার বর্ত্তমান থাকা দেখা যাইতেছে। তাঁহার রচিত মৃচ্ছকটিক নাটকে কাপালিক কর্তৃক দেবী পূজা দেবীর সম্মুখে নর বলি দিবার কথা লিখিত আছে। চীনদেশীয় বৌদ্ধ পরিব্রাজক

---

6 *Ariana-Antiqua* by H. Wilson

হিউএনথসৃঙ্গ খৃষ্টের ৭ম শতাব্দীর প্রথমভাগে ভারতবর্ষে আগমন করেন। তাঁহার ভ্রমণ বৃত্তান্তে লিখিত আছে যে তিনি সে সময় ভারতের স্থানে স্থানে শিব শক্তির উপাসনা প্রচলিত, দেখিয়া যান। তিনি অযোধ্যা হইতে গঙ্গা দিয়া পূর্ব্বমুখে আসিতে আসিতে শাক্ত দস্যুগণ কর্তৃক আক্রান্ত হন। তাহারা প্রতি বৎসর একটী করিয়া নর বলি দিত। সেবার তাহারা হিউএনথসঙ্গকে বলি দিবে স্থির করিয়াছিল কিন্তু সহসা ঝড় উপস্থিত হওয়াতে হিউএনথসঙ্গ নিস্তার পান। *

এই পুস্তকের পরিশিষ্টে পীঠমালায় দৃষ্ট হইবে হিঙ্গুলাজ একটী পীঠস্থান। উহা বেলুচিস্থানের অন্তর্গত। শৈব ও শাক্ত সম্প্রদায়ী তীর্থ যাত্রীরা অদ্যাপি হিঙ্গুলাজ তীর্থ দর্শনার্থে তথায় গমন করিয়া থাকেন। মহম্মদ খৃষ্টের ৬ষ্ঠ শতাব্দীতে মুসলমান ধর্ম্ম প্রচার করেন। ইহা অবশ্য স্বীকার করিতে হইবে যে বেলুচিস্থানে মুসলমান ধর্ম্ম প্রচলিত হওয়ার পূর্ব্বে হিঙ্গুলাজ হিন্দুতীর্থ হইয়াছে। খৃষ্টের একাদশ শতাব্দীর প্রথম ভাগে গজনি অধিপতি মামুদ ভারতবর্ষে আসিয়া নগরকোটের হিন্দুতীর্থ (জ্বালামুখী) ও সোমনাথের শিব মন্দির আক্রমণ করেন। খৃষ্টে৭র চতুর্দশ শতাব্দীতে প্রণীত পারসী " আলেফ লয়লা ওয়ালয়লা" গ্রন্থে গল্পবিশেষে ভারতের যে দেবপূজক-দিগের বিষয় লিখিত আছে

---

7 * Vide "Pilgrimage of Hiuanth Sang" translated by Stanisla Juliot.

তাহা পাঠ করিলে ভারতে সে সময় শক্তি পূজার আধিক্য থাকা বলিয়াই বোধ হয়।

অতএব দেখা যাইতেছে যে অতি প্রাচীন সময় হইতে ভারতে শিব ও শক্তি পূজা প্রচলিত হইয়াছে। কিন্তু শাক্ত শৈব বলিয়া সম্প্রদায় বিশেষ তখন গঠিত হয় নাই। বর্তমান প্রচলিত পুরাণ গঠিত হইবার বহুপূর্ব্ব হইতে ভারতে শক্তি পূজা প্রচলিত হইয়াছে কিন্তু প্রচলিত পুরাণসমূহের ও তন্ত্রের প্রচারের পর হইতে বহুবিধ উপাসক সম্প্রদায়ের উদ্ভব হইয়াছে।

আর্য্য হিন্দুগণের অভ্যুদয় কালে যখন হিন্দু বাণিজ্য পৃথিবীর অন্যান্য দেশ পর্য্যন্ত পরিব্যাপ্ত ছিল ও যখন অন্যান্য জাতীয় লোকে ভারতে বাণিজ্যার্থে আগমন করিত তখনও ভারতে শক্তি পূজার বিশেষ প্রাধান্য ছিল। হিন্দুরা যে যে দেশে বাণিজ্যার্থ গমন করিতেন সেই সেই দেশে আপনাদের পূজাদি প্রবর্তন করিয়াছিলেন। ৮যাবা, বালি প্রভৃতি দ্বীপ অদ্যাবধি এ বিষয়ের সাক্ষ্য প্রদান করিতেছে। শিব ও শক্তির পূজাই তথাকার প্রচলিত ধর্ম্ম। + অতএব স্পষ্ট প্রতীয়মান হইতেছে যে অতি প্রচীনকালে শক্তি পূজা সমগ্র ভারতবর্ষে এবং তাহার বাহিরে অন্যান্য দেশ পর্য্যন্ত পরিব্যাপ্ত হইয়াছিল।

দেবী পূজা প্রাচীন জাতিদিগের সাধারণ ধর্ম্ম দেখা যায়। সিরীয়, মিসরীয়, ফিনিসীয় ও গ্রীক প্রভৃতি অন্যান্য প্রাচীন আর্য্য জাতীয়েরা

---

[8] #See Crawford's History of the Indian Archipelago vol II

আদিম হিন্দুদিগের মত দেবী পূজা করিত। 'ফাইলো' নামক কোন গ্রীক জাতীয় গ্রন্থকর্তা প্রাচীন ফিনিসীয় জাতির যে বিবরণ লিথিয়া গিয়াছেন তাহাতে দেখিতে পাওয়া যায় যে সর্ব্ব প্রথমে 'ইরন' অর্থাৎ জীবন নাম্নী দেবীর সৃষ্টি হয়। ফিনিসীয়েরা ইরন ও অন্যান্য যে সকল দেবদেবীর পূজা করিত তন্মধ্যে 'বেলসীমন' দেব ও "আষ্টায়ী" দেবীর পূজাই প্রধান ছিল। আমাদিগের সন্ধ্যাবন্দন কালে সূর্য্যোপস্থানের যেরূপ প্রথা আছে বেলসীমনের উপাসনাও অবিকল সেইরূপ। আষ্টায়ী শব্দের অর্থ স্বর্গাধীশ্বরী। আমাদিগের দেবী পূজায় ভগবতীর যে প্রকার নানা রূপ বর্ণিত আছে ফিনিসিয়দের আষ্টায়ী দেবীরও তদ্রূপ ছিল। নূতন বৎসরের প্রথম দিনে ফিনিসিয়েরা এই দেবীর পূজা করিত। ইহাতে স্পষ্ট দেখা যাইতেছে যে ফিনিসিয়দের আষ্টায়ী পূজা আমাদিগের বাসন্তী পূজার অনুকরণ ভিন্ন আর কিছুই নহে। যাহা হউক এককালে দেবী পূজা যে প্রাচীন আর্য্যজাতির সাধারণ ও প্রধান পূজা ছিল ও তাহা আদিম কাল হইতে ভারতে চলিয়া আসিতেছে তাহার আর সংশয় নাই।

তৃতীয় অধ্যায় ।

পীঠ স্থানের উৎপত্তি ।

হিন্দুতীর্থের মধ্যে ৫১টী তীর্থ পীঠস্থান বলিয়া বিখ্যাত পীঠস্থান গুলি শক্তিপূজার প্রধান স্থান। কি কারণে পীঠস্থান হইল তাহা পুরাণ ও তন্ত্রাদি শাস্ত্রে বর্ণিত হইয়াছে।

পূর্ব্বকালে প্রজাপতি দক্ষ হিমালয়ের পার্শ্বদেশে সিদ্ধমহর্ষি পরিসেবিত পবিত্র হরিদ্বারে বৃহস্পতিসব নামে যজ্ঞ বিশেষের আয়োজন করিয়া সমস্ত ব্রহ্মর্ষি দেবর্ষি ও দেবগণকে নিমন্ত্রণ করেন। কিন্তু স্বীয় জামাতা শিবের প্রতি বিদ্বেষ থাকা বশতঃ দক্ষ তাঁহাকে যজ্ঞে আহ্বান করেন নাই। দক্ষকন্যা সতী পিতৃযজ্ঞ মহোৎসবের কথা শুনিতে পাইয়া যজ্ঞ দর্শনার্থ গমনের অভিপ্রায় প্রকাশ করিয়া স্বীয় পতি শিবের অনুমতি প্রার্থনা করিলেন। শিব সতীকে বিনা আহ্বানে পিতৃযজ্ঞে গমন করিতে নিষেধ করিলে সতী নানা মূর্তি ধারণ পূর্ব্বক শিবকে ভয় প্রদর্শন করিয়া পিতৃগৃহে যাত্রা করেন। সতী পিতৃগৃহ প্রাপ্ত হইয়া যজ্ঞস্থলে উপস্থিত হইলেন এবং দেখিলেন যজ্ঞে রুদ্রের ভাগ নাই। দক্ষ কন্যার আদর করিলেন না বরং শিবনিন্দা করিতে লাগিলেন। ইহাতে সতী অবমানিতা ও ক্রুদ্ধ হইয়া যোগে দেহ পরিত্যাগ করেন। এই সংবাদ শ্রবণে শিব মহা ক্রুদ্ধ হইলেন এবং দক্ষের যজ্ঞ ভঙ্গ ও তাহার সংহার করণান্তর সতীর মৃত দেহ স্কন্ধে লইয়া উন্মত্তের ন্যায় সমস্ত পৃথিবী ভ্রমণ করিতে লাগিলেন। পরে বিষ্ণু সতীর মৃত দেহ সুদর্শন চক্রে খণ্ড খণ্ড করিয়া ফেলিলেন। সুদর্শন ছিন্ন সতীর অঙ্গ প্রত্যঙ্গ যে যে স্থানে প্রক্ষিপ্ত হইল সেই সেই স্থান এক এক পীঠ স্থান হইল । যে যে স্থানে সতীর অঙ্গ প্রত্যঙ্গ নিপতিত হইল সেই সেই স্থানে মহাদেব সতীস্নেহ বশত স্বয়ং লিঙ্গরূপে অবস্থিত হইলেন। ব্রহ্মা আবার তথায়

শক্তির এক এক মূর্ত্তি স্থাপন করেন। * সতী অঙ্গ সবশুদ্ধ ৫১ খণ্ড হইয়াছিল সুতরা ৫১টা পীঠ স্থান হইল ।৯ * তন্ত্রোক্ত পীঠ মালায় এই ৫১টী পীঠ স্থানের বর্ণনা আছে । *

এরূপ কিংবদন্তী যে প্রচেতার পুত্র প্রজাপতি দক্ষ সত্য যুগে ঐ যজ্ঞের অনুষ্ঠান করিয়াছিলেন। শাস্ত্রে দেখা যায় প্রজা সৃষ্টির প্রথমে অঙ্গিরা মরিচি প্রচেতা প্রভৃতি ঋষিগণ উৎপন্ন হয়েন। এবং যাগ যজ্ঞাদি বৈদিক ক্রিয়া আর্যধর্ম্মের প্রথম অবস্থা ইহা পূর্ব্বে বলা হইয়াছে। এই সকল পর্যালোচনা করিয়া দেখিলে দক্ষের যজ্ঞ সত্য যুগে অনুষ্ঠিত হওয়াই সম্ভব বলিয়া বোধ হয়। কিন্তু সুপ্রাচীন কোন সংস্কৃত গ্রন্থে ঐ যজ্ঞের উল্লেখ দেখা যায়না। প্রাচীন গ্রন্থের মধ্যে কেবল মহাভারতের শান্তিপর্ব্বের ২৮৪ অধ্যায়ে দক্ষ কর্তৃক এইরূপ যজ্ঞানুষ্ঠানের কথা দেখিতে পাওয়া যায় কিন্তু তাহা পুরাণাদিতে উল্লিখিত যজ্ঞ হইতে বিভিন্ন মহাভারতে * উল্লিখিত দক্ষযজ্ঞ, অশ্বমেধ, আর পুরাণাদির বর্ণিত দক্ষযজ্ঞ, বৃহস্পতিসব। মহাভারতে উল্লিখিত যজ্ঞস্থলে সতীর প্রাণ ত্যাগের কোন কথা নাই বরং শৈলরাজদুহিতা পার্বতীর তাহাতে নামোল্লেখ দেখা যায়। আবার দক্ষ বারম্বার যজ্ঞানুষ্ঠান করিয়াছিলেন এবং

---

৯ * বিষ্ণুণা চক্রেণ ছিন্ন।স্তন্যা (সভ্যঃ) অবয়বা যত্র যত্র পতিতান্ত এব দেশা এক পঞ্চাশন্মহাপীঠা অভধন । ইতি পৌরাণিকী বার্ত্ত। ।

+ পরিশিষ্ট দেখ । (ক) –

শিব কর্তৃক তাঁহার যজ্ঞের বারম্বার বিঘ্ন ঘটিয়াছে। পিতৃযজ্ঞে প্রাণত্যাগের পর সতী হিমালয়ের গৃহে জন্ম পরিগ্রহ করেন সুতরাং যে যজ্ঞে দক্ষকন্যা সতী প্রাণত্যাগ করেন তাহা মহাভারতে বর্ণিত যজ্ঞের বহু পূর্ব্বে অনুষ্ঠিত হইয়াছিল বলিতে হইবে। অতএব পুরাণোক্ত দক্ষের বৃহস্পতিসব যজ্ঞে সতীর প্রাণ ত্যাগ অতি সুপ্রাচীন ঘটনা বলিয়া প্রতীয়মান হয়।

আবার দক্ষালয়ে সতীর দেহত্যাগ যে সুপ্রাচীন সত্যযুগে ঘটিয়াছিল ইহা পুরাণে দেখিতে পাওয়া যায় §। কিন্তু পুরাণ বিশেষের বর্ণনা দেখিলে দক্ষের যজ্ঞ সুপ্রাচীন সত্যযুগে অনুষ্ঠিত হইয়াছিল কি না তদ্বিষয়ে 10সংশয় উপস্থিত হয়।

প্রজাপতি দক্ষের বৃহস্পতিসব যজ্ঞের পূর্ব্বে বিশ্বস্রষ্টাদিগের এক যজ্ঞ হয় তথায় শিবের সহিত দক্ষের বিদ্বেষ জন্মে। পুরাণের সেই যজ্ঞের বর্ণনায় প্রয়াগ প্রভৃতি তীর্থের * নামোল্লেখ পাওয়া যায়। মনুর সময়ে প্রয়াগ পর্য্যন্ত আর্য্যাধিকার মাত্র হইয়াছিল।

---

10 • মহাভারত। শান্তিপর্ব্ব । ২৮৩ ২৮৪ ২৮৫ । অধ্যায় ।
ঐ ঐ ২৮৫ অধ্যায়। ১২২ শ্লোক ।
§ দক্ষগেহে সমুদ্ভূত! যাসতী লোকবিশ্রুতা । কুপিত্বা দক্ষরাজর্ষিং সতীত্যক্ত ।
কলেবরং। ১। অনুগৃহ্য চ মেনায়াং জাতাতস্যাস্তু
সাতদা । কালীনাম্নেতি বিখ্যাতা সর্ব্বশাস্ত্রে প্রতিষ্ঠিতা । ২ ।প্রাণতোষিণী নারদ
পঞ্চরাত্রে তৃতীয় অধ্যায়। ব্রহ্মবৈবর্ত পুরাণ হইতে উদ্ধৃত শ্লোক দেখ।

প্রয়াগ তীর্থ হইবার কোন কথা মনুসংহিতাতে দৃষ্ট হয় না। ইহাতে এরূপ অনুমান করা যাইতে পারে যে প্রয়াগ তীর্থরূপে পরিগণিত হইবার পর বিশ্বস্রষ্টাদিগের যজ্ঞ হইয়াছিল। সুতরাং ঐ যজ্ঞের পরে অনুষ্ঠিত দক্ষের বৃহস্পতিসব যজ্ঞ আরও অপ্রাচীন কালে সংঘটিত হইয়াছিল ধরিতে হয়। কিন্তু যখন দেখা যাইতেছে দক্ষের যজ্ঞানুষ্ঠানের সময় শিবের যজ্ঞভাগ কল্পিত হয় নাই। অন্যথা যজ্ঞে দেবাদিদেব শিবের নিমন্ত্রণ রহিত বা শিবের নিন্দা করিতে দক্ষ কোন ক্রমে সাহসী হইতেন না। মনুসংহিতা রচনার সময়ে শিবের আরাধনা ক্রমশঃ প্রচলিত হইতে আরম্ভ হয় ইহা প্রথম অধ্যায়ে উক্ত হইয়াছে। অতএব মনুর সময়ের বহু পূর্ব্বে দক্ষের যজ্ঞানুষ্ঠান হওয়ার সম্ভব বলিয়া বোধ হয়। প্রজাসৃষ্টির প্রথমভাগে প্রজাপতি দক্ষ বর্ত্তমান ছিলেন এবং যাগ যজ্ঞাদি সুপ্রাচীন বৈদিক ক্রিয়া দেবশ্রেষ্ঠ শিবের যজ্ঞভাগ নির্দ্দেশের পূর্ব্বে তাঁহার দ্বারা অনুষ্ঠিত হইয়াছিল। এসকল প[11]র্য্যালোচনা করিয়া দেখিলে দক্ষের বৃহস্পতিসব যজ্ঞানুষ্ঠান ও তৎ যজ্ঞে সতীর প্রাণ

---

[11] আপ্লু ভ্যাবভূথং যত্র গঙ্গা যমুনয়ান্বিতা ।
বিরাজেনাত্মনা সর্ব্বে স্বং স্বং ধাম যযুক্রতঃ ॥
শ্রীমদ্ভাগবতং ৪স্ক। ২অ । ৩৫ ।
যে স্থানে গঙ্গা' যমুনার সহিত মিলিত হইয়াছেন তথায় অদ্ভূত স্নান করিরা নির্মলান্তঃকরণে সকলে সে স্থান হইতে স্ব স্ব স্থানে গমন করিলেন।
+ মহাভারত শান্তিপর্ব্ব ২৮৩ অধ্যায়ে ১৯ শ্লোক ।

ত্যাগ যে একটা সুপ্রচীন সত্য যুগের ঘটনা তাহাতে আর সন্দেহ থাকেনা।

কেবল মাত্র পৌরাণিক বর্ণনার উপর নির্ভর করিয়া উহার অপ্রাচীনত্ব অনুমান করা যুক্তি সঙ্গত বলিয়া বোধ হয় না।

প্রজাপতি দক্ষ যে সময়েই বৃহস্পতিসব যজ্ঞানুষ্ঠান করুন না কেন, ফল কথা, দক্ষকন্যা সতী স্বামী নিন্দা বশতঃ গিতৃ যজ্ঞস্থলে যোগমার্গে দেহ ত্যাগ করেন এবং সেই আখ্যান অবলম্বন করিয়া পুরাণ ও তন্ত্র কারেরা ৫১টী পীঠস্থানের উৎপত্তির কারণ নির্দেশ করিয়াছেন। যাহা হউক দক্ষ যজ্ঞে সতীর প্রাণ ত্যাগ ও তাঁহার অঙ্গ প্রত্যঙ্গ দেশান্তরে পতিত হইয়া পীঠস্থানের উৎপত্তি হইয়াছে এবং সে গুলি অতি প্রাচীন সময় হইতে অদ্যাবধি হিন্দুদিগের মহৎ পুণ্য স্থান বলিয়া নির্দ্দিষ্ট রহিয়াছে।

চতুর্থ অধ্যায় ।

কালীঘাট—পীঠস্থান ।

পীঠমালায় দেখা যায় কালীঘাটে সতীর দক্ষিণ পাদাঙ্গুলি পতিত হয় বলিয়া কালীঘাট পীঠ[12]স্থান হইয়াছে। এখানকার দেবতা

---

12 ⋆ নকুলেশঃ কালীঘাটে (১) দক্ষপাদাঙ্গুলিষু চ।
সর্ব্বসিদ্ধিকরী দেবী কালিকা তত্র দেবতা ॥

কালী ও পীঠরক্ষক ভৈরব নকুলেশ্বর *। সতীস্নেহ বশতঃ শিব লিঙ্গরূপ ধারণ করিয়া কালীঘাটে নকুলেশ্বর নামে বিরাজ করিলেন এবং ব্রহ্মা এখানে একটী কালীমূর্ত্তি স্থাপন করেন। সুদর্শন ছিন্ন সতী অঙ্গ নিপতিত হইয়া কতটুকু স্থান কালীক্ষেত্র হইল তাহা নিগমকল্পের পীঠমালায় সবিস্তর বর্ণিত আছে। উহার কয়েকটী শ্লোক উদ্ধৃত করা গেল!

শ্রীমহাদেব উবাচ ।

মাতঃ পরাৎপরে দেবি সর্ব্বজ্ঞানময়ীশ্বরি।
ক্ষেত্রানাং কথ্যতে দেবি কালীক্ষেত্রং বিশেষতঃ।

দেব্যুবাচ ।

দক্ষিণেশ্বর মারভ্য যাবচ্চবহুলা পুরী।
ধনুকাকার ক্ষেত্রঞ্চ যোজনদ্বয় সংখ্যকং।
তন্মধ্যে ত্রিকোণাকারঃ ক্রোশমাত্রং ব্যবস্থিতঃ।
ত্রিকোণে ত্রিগুণাকার ব্রহ্মাবিষ্ণু শিবাত্ম্যকং।

চূড়ামণি তন্ত্র ।

(১) কালীপীঠে ইতি পাঠান্তর।
কালীঘাটে সতীর দক্ষিণ পাদাঙ্গুলি পতিত হয় । সেথানে নকুলেশ ভৈরব এবং কালীনাম্নী সর্ব্বসিদ্ধিকরী দেবী বিদ্যমান আছেন ।

মধ্যে চ কালিকা দেবী ম[13]হাকালী প্রকীর্তিতা।

নকুলেশঃ ভৈরবো যত্র যত্র গঙ্গা বিরাজিতা।

তত্র ক্ষেত্রং মহাপুণ্যং দেবানামপি দুর্লভং॥

কাশীক্ষেত্রং কালীক্ষেত্র মভেদোপি মহেশ্বরঃ।

কীটোহপি মরণেমুক্তি কিং পুনর্মানবাদয়ঃ॥

ভৈরবী বগলা বিদ্যা (কালী) মাতঙ্গী কমলা

তথা ব্রাহ্মী মাহেশ্বরী চণ্ডীচাষ্টশক্তি বসেৎ সদা ॥ ”

দক্ষিণেশ্বর হইতে বহুলা ✶ পর্য্যন্ত দুই যোজন ব্যাপ্ত ধনুকাকার স্থান কালীক্ষেত্র। তন্মধ্যে এক ক্রোশ ব্যাপ্ত ত্রিকোণাকার স্থানের ত্রিকোণে ত্রিগুণাত্মক ব্রহ্মা বিষ্ণু ও শিব এবং মধ্যস্থলে মহাকালী নামে কালিকা বিরাজ করেন।

যেখানে কালিকাদেবী, নকুলেশ ভৈরব এবং গঙ্গা বিরাজ করেন সেই স্থান মহাপুণ্যক্ষেত্র। তাহা দেবতারও দুর্লভ। কাশীক্ষেত্র ও কালীক্ষেত্র উভয়ের মধ্যে কিছুই ভেদ নাই । এখানে মরণমাত্রে কীট পর্য্যন্ত মুক্তিলাভ করে, মনুষ্যের তো কথাই নাই। ঐ স্থানে ভৈরবী, বগলা, কালী, মাতঙ্গী, কমলা, ব্রাহ্মী, মাহেশ্বরী ও চণ্ডী এই সনাতনী অষ্টশক্তি অবস্থান করেন । এরূপ কিংবদন্তী আছে যে সতীর যে পাদাঙ্গুলি কালীঘাটে পতিত হইয়াছিল তাহা অদ্যাপি

---

[13] ✶ বহুলা—কালীঘাটের দক্ষিণবর্তী রাজপুরের কিছু– দক্ষিণ পূর্ব্ব আকনা গ্রামের সন্নিকট স্থান বোলপুর নামে খ্যাত ।

কালীর মন্দির মধ্যে সংরক্ষিত আছে। প্রতিবৎসর স্নানযাত্রার সময় ও অম্বুবাচির শেষ দিনে উহার বিধিপূর্ব্বক অভিষেক হইয়া থাকে। কালীর অধিকারী হালদারদিগের জ্যেষ্ঠের বংশীয় বর্ত্তমান অভিভাবক ৺৺শ্রীযুক্ত কিনুরাম হালদার মহাশয় প্রতিবৎসর উক্ত সময়ে উহার অভিষেক করিয়া থাকেন।

স্মরণাতীত কাল পূর্ব্বে নিপতিত অঙ্গ অদ্যাবধি বিদ্যমান থাকার বিষয়ে অনেকে সন্দিহান হইতে পারেন। কিন্তু ইজিপ্টীয় দিগের সংরক্ষিত মমি (embalmed mummies) এ বিষয়ের জাগ্রত দৃষ্টান্ত স্থল। বোধ হয় শব সংরক্ষণী বিদ্যা (art of embalming, petrific[14]ation) প্রাচীন সময়ে ভারতে অপরিজ্ঞাত ছিল না। দেবিভাগবতেও এ বিষয়ের অনুকূলে লিখিত আছে –

"ভূমৌনিপতিতা যেতুচ্ছায়াঙ্গাবয়বাঃ ক্ষণাৎ ।
জন্মঃ পাষাণত্বাং সর্ব্বে লোকানাং হিতহেতবে॥
দেবিভাগবত। ১১ অধ্যায়

---

14 ৺৺ উপরোক্ত কিনুরাম হালদার মহাশয় প্রকাশক রবীন্দ্রনাথ হালদার মহাশয়ের প্রপিতামহ। অধুনা প্রকাশক রবীন্দ্রনাথ হালদার মহাশয় ত্রিশ বৎসর এই অভিষেক করিয়া থাকেন।

লোকহিতের জন্য (সতীর) ছায়া দেহের অঙ্গপ্রত্যঙ্গ ভূমিতে পতিত হইবামাত্র পাষাণত্ব প্রাপ্ত হইয়াছিল।

কালীপীঠ তন্ত্র বিশেষে শ্রীপীঠ বা ওঁ কার পীঠ বলিয়া উক্ত হইয়াছে। সতীর পাদাঙ্গুলি পতনে উৎপন্ন বলিয়া অনেকে এই পীঠের শ্রেষ্ঠত্ব কল্পনা করিয়া থাকেন। সকল অঙ্গ অপেক্ষা পদের যে শ্রেষ্ঠত্ব আছে তাহা জয়দেব "দেহি পদ পল্লবমুদারং" লিখিয়া প্রতিপন্ন করিয়াছেন। দেবীর পদের শ্রেষ্ঠত্ব বিষয়ে তন্ত্র হইতে নিম্নলিখিত শ্লোকটী উদ্ধৃত করা গেল।

"দেব্যাঃ কেশচয়ো নিরীক্ষ্য পতিতান্
দেবান্ মুনীম্ পাদয়োঃ।
সর্ব্বারাধ্য তয়াচ তত্র পরমোৎকর্ষং বিদিত্বা পতৎ।
সা কালীচরণং গতস্যশরণং নৌবন্ধনং সম্ভবেৎ।
ইত্থাবেদয়িতুং ববন্ধ নচতং তন্মুক্তকেশীবভোঃ॥

দেবতা ও মুনিগণকে দেবীর পদতলে পতিত হইতে দেখিয়া দেবীর পদকে পরমোৎকর্ষ ভাবিয়া দেবীর কেশপাশ পদতলে পতিত হইল। কালীর চরণে শরণাগতের বন্ধন ভয় সম্ভবে না এজন্য দেবীর কেশপাশ তদবধি অলুলায়িত রহিয়া গেল। কালী মুক্তকেশী হইলেন।

পঞ্চম অধ্যায়।
কালীঘাটের আদিম অবস্থা।

কোন্ সময় হইতে কালীপীঠ প্রকাশিত ও জনসমাজে কালীঘাট নামে পরিজ্ঞাত হইয়াছে তাহার নিরাকর করা বড় দুরূহ। যে কালীঘাট এখন বহুজনাকীর্ণ, সুদৃশ্য মন্দির ও অট্টালিকা পরিশোভিত, সমুজ্জ্বল দীপমালা সুসজ্জিত রাজপথ পরিবেষ্টিত ও নানা দেশজাত পণ্য দ্রব্য পরিপূর্ণ আপন শ্রেণী পরিরত এবং, যে কালীঘাট এখন সমগ্র ভারত ভূমির রাজধানী কলিকাতার অন্তর্ভূত, তাহা অতি পূর্ব্বে নক্রাদি জলচর পরিবৃত, নানা বনপাদপ ও লতা গুল্মাদি সমাকীর্ণ মানব সমাগম বিরহিত ব্যাঘ্র ভল্লুকাদি শ্বাপদ সঙ্কুল অরণ্য বিশেষ ছিল। তখন কে উহার নাম জানিত? সম্মুখে প্রবাহিত প্রসন্নসলিলা ভাগীরথী-তরঙ্গে ভাসমান হইয়া বণিকগণ এই অরণ্য গর্ভস্থ কালীঘাটের নিকট দিয়া সভয়চিত্তে যাতায়াত করিত। এই ভয়সঙ্কুল অরণ্য যে ভবিষ্যতে এতাদৃশ সমৃদ্ধিশালী নগরী হইবে তখন কে ইহা চিন্তা করিয়াছিল? ইহা অবশ্য স্বীকার করিতে হইবে যে এই ভয়সঙ্কুল অরণ্য বা তন্নিকটবর্ত্তী স্থান মনুষ্যের পরিজ্ঞাত হইবার পরে ইহার নাম কালীঘাট অভিধেয় হইয়াছে ও ইহা পীঠস্থান বলিয়া তন্ত্রবিশেষে বর্ণিত হইয়াছে। অভিধেয় হইবার পূর্ব্বে দ্রব্যের

বিদ্যমান থাকা আবশ্যক। কালীমূর্ত্তি মনুষ্য সমাজে প্রকাশিত হইবার পর ঐ স্থানের নাম কালীঘাট হইয়াছে। অতএব দেখা যাইতেছে কালী ও নকুলেশ্বরের অবস্থিতি পরিজ্ঞাত হইবার পর তন্ত্রাদির পীঠবিবরণে কালীঘাট পীঠস্থান বলিয়া লিখিত হইয়াছে। তন্ত্রাদির পীঠবিবরণ লিখিত হইবার পূর্ব্বে এবং দক্ষিণ বাঙ্গালার অবণ্যময় অংশে মনুষ্যের বাস বা গতিবিধি হইবার পরে কোন কালে কালীমূর্ত্তি ও নকুলেশ প্রকাশিত ও ঐস্থান কালীঘাট নামে অভিহিত হইয়াছে সন্দেহ নাই।

পূর্ব্বে দেখান হইয়াছে যে মনুর সময়ে প্রয়াগ পর্য্যন্ত আর্য্যাধিকার বিস্তৃত হইয়াছিল। পরে জনসংখ্যা বৃদ্ধি পাইলে আর্য্যহিন্দুগণ ক্রমশঃ পুর্ব্বাভিমুখে অগ্রসর হইয়া আপনাদের জয়পতাকা উড্ডীন করেন। মনুসংহিতায় পৌণ্ড্র দেশকে পতিত ক্ষত্রিয়ের আবাস বলিয়া উক্ত হইয়াছে∗, পৌণ্ড্র উত্তর বাঙ্গালার প্রাচীন নাম। ইহাতে [15]বোধ হইতেছে মনুর সময়ে উত্তর বাঙ্গালা সম্পূর্ণ রূপে আর্য্যদিগের অধিকৃত হয়নাই ও তজ্জন্য ব্রাহ্মণেরা তথায় বাস করেন নাই। রামায়ণে, গঙ্গাসাগরে কপিলাশ্রমের উল্লেখ আছে। এখনও প্রতি বৎসরে তথায় মকর সংক্রান্তিতে মহাসমারোহে তাঁহার পূজা

---

[15] ∗ শনকৈস্ত ক্রিয়া লোপাদিমাঃ ক্ষত্রিয় জাতয়ঃ ।বৃষলত্বং গতালোকে ব্রাহ্মণা দর্শনেনচ ॥ ৪৩ ।পৌণ্ড্র কাশ্চৌড় দ্রাবিড়। কাম্বোজ। যবনা শকাঃ । ৪৪ । মনুসংহিতা ১০ অধ্যায় ।

+ মহাভারতের সভাপর্ব্ব । ৩০ অধ্যায় ।

হইয়া থাকে। ইহাতে বোধহয় মনুর সময়ের পরে আর্য্যেরা বঙ্গসাগরোপকূল পর্যন্ত রাজত্ব বিস্তার করিয়া ছিলেন। বৈবস্বত মনুর পুত্র ইক্ষ্বাকু অযোধ্যায় রাজত্ব স্থাপন করিয়া ছিলেন। ক্রমে চন্দ্র ও সূর্য্য বংশীয় নৃপতিরা ভারতের অন্যান্য প্রদেশে অসভ্য অনার্য্য জাতিদিগকে দূরীভূত করিয়া দিয়া আপনাদের অধিকার বিস্তার করিলে সদাচার সম্পন্ন আর্য্য ব্রাহ্মণ মুনি ঋষিগণ তথায় গিয়া বাস ও আশ্রম স্থাপন করেন মহাভারতে দক্ষিণ বাঙ্গালার অন্তর্গত তাম্রলিপ্তি প্রভৃতি কয়েকটী স্থানের উল্লেখ পাওয়া যায়। যুধিষ্ঠিরের রাজসূয় যজ্ঞকালে পূর্ব্বদিক্ বিজেতা ভীমসেন ঐ সকলের অধিপতিদিগকে পরাভূত করেন অতএব দেখা যাইতেছে যে মহাভারতীয় সময়ে দক্ষিণ বাঙ্গালার স্থানে স্থানে মনুষ্যের বাস ছিল। কিন্তু রামায়ণে বা মহাভারতে অথবা অন্য কোন সুপ্রাচীন গ্রন্থে কালীঘাট বলিয়া কোন স্থানের উল্লেখ পাওয়া যায় না। কালীঘাটের অনতিদূরবর্তী তাম্রলিপ্তি বা কপিলাশ্রমের কথা থাকিলেও কালীঘাট নামের কোন নিদর্শন নাই। কালীঘাট নাম হইবার পূর্ব্বে ঐ স্থানের অন্য কোন প্রাচীন অভিধেয় ছিল কিনা ঠিক বলা যায় না। থাকিলেও তাহা অপরিজ্ঞেয়। কালীমূর্ত্তির প্রকাশ বা কালীঘাট নাম হইবার পূর্ব্বে বোধ হয় ঐ স্থান নিবিড় অরণ্যময় ও মনুষ্যের বাসের অযোগ্য ছিল সুতরাং মহাভারতীয়

সময়ে অথবা প্রচলিত পুরাণ [16]সঙ্কলনের সময় উহার অন্য কোন বিশেষ অভিধেয় না থাকাই অধিক সম্ভাবনা। প্রায় সকল পুরাণের দেশ বিবরণে দক্ষিণ বাঙ্গালার সমুদ্রতীর পর্যন্ত অরণ্যময় তাবৎ ভূভাগকে " সমতট " বলিয়া উল্লেখ করা হইয়াছে। যে স্থানকে এখন কালীঘাট কহে তাহার বিশেষ কিছু প্রাচীন নাম না থাকিলেও তাহা যে পুরাণোক্ত " সমতট " প্রদেশের অন্তর্ভূত ছিল তাহা একটু বিবেচনা করিয়া দেখিলেই বুঝিতে পারা যায়। আবার ইউরোপীয় ভূতত্ত্ববিদ্ পণ্ডিতেরা দক্ষিণ বাঙ্গালার রসাতল প্রবেশের বিষয় সপ্রমাণ করেন। তাঁহাদের মতে কলিকাতা ও তৎসন্নিকৃষ্ট স্থান গুলি ক্রমশঃ নিম্ন গমন করিয়াছে। এসকল স্থানের প্রাচীন ক্ষেত্রতল উপরিভাগ হইতে অনেক হস্ত নিম্নে বসিয়া গিয়াছে। কোন কোন স্থানে গভীর কূপ ও পুষ্করিণী খনন কালে প্রাচীন ক্ষেত্রতলোৎপন্ন উদ্ভিদ্ এবং মনুষ্যের ও ভূচর জন্তুর কঙ্কাল ভূগর্ভের অনেক হস্ত নিম্নে প্রাপ্ত হওয়া গিয়াছে। ইহাতে সপ্রমাণ হইতেছে যে যে স্থান এখন কালীঘাট বলিয়া অভিহিত, তাহার ভূগর্ভস্থ অনেক হস্ত নিম্নের ভূমিতে বহু পূর্ব্বে মনুষ্য বিচরণ করিয়া ছিল। পরে রসাতল প্রবেশ করাতে মানব সমাগম শূন্য হইয়া থাকে। কাল সহকারে ভাগীরথী আনীত

---

[16] * See Physical Geography, by S. A. Hill, p. 44. and also by H. F Blanford, p. p. 53. 54 and 72.

বালুকা রাশির স্তর ক্রমশঃ পতিত হইয়া নিবিড় অরণ্যে পরিণত হয় ও ক্রমে তাহা আবার মনুষ্যের বাস ভূমি হইয়াছে। কলিকাতার সন্নিকৃষ্ট স্থানের রসাতল প্রবেশ ও পুনরুত্থান হইতে অবশ্য অনেক শতাব্দী লাগিয়াছিল সন্দেহ নাই। সুতরাং রামায়ণের সময় যে প্রদেশে কপিলাশ্রম ও তপোবন, মহাভারতীয় সময়ে তাহা অপরিজ্ঞেয় এবং পৌরাণিক সময়ে তাহা নিবিড় অরণ্য গর্ভে।

মহাভারতে দেখা যায় জরাসন্ধের পুত্র সহদেব মগধে রাজত্ব করিতেন। পুরাণে এই সহদেবের পর হইতে অজাতশত্রু পর্য্যন্ত ৩৫ জন রাজার উল্লেখ পাওয়া যায়। এই অজাতশত্রুর সময় বুদ্ধদেব প্রাদুর্ভূত হয়েন। এই সময় উত্তর বাঙ্গালায় সিংহবাহু নামে এক নরপতি ছিলেন। তাঁহার জ্যেষ্ঠ পুত্র বিজয় সিংহ প্রজাপীড়ন দোষে দূষিত হওয়াতে ব্রাহ্মণ মন্ত্রী ও সভাসদগণ ষড়যন্ত্র করিয়া তাহাকে দেশ হইতে নির্ব্বাসিত করেন। বিজয় সিংহ সাতশত সঙ্গী লইয়া অর্ণবযানে দক্ষিণাভিমুখে ভাগীরথী তরঙ্গ অতিক্রম করিয়া সমুদ্র যাত্রা করেন এবং সিংহলে উপস্থিত হইয়া সেখানকার রাজা হন। খৃষ্টাব্দের ৫৪৩ বৎসর পূর্ব্বে অর্থাৎ যে বৎসর বুদ্ধদেব মানব লীলা সম্বরণ করেন সেই বৎসর বিজয়সিংহ সিংহলে উপস্থিত হন। সিংহলের ইতিহাসে ইহা বিশেষ রূপে বর্ণিত আছে বিজয় সিংহের সিংহল যাত্রা। বর্ণনায় দক্ষিণ বাঙ্গালার কোন নগরীর নামোল্লেখ দেখিতে পাওয়া যায় না।

ইহাতে বোধহয় বিজয়সিংহের নির্ব্বাসন কালে কালীঘাট ও তৎসংলগ্ন স্থান সমুদ্রতীর পর্যন্ত নিবিড় অরণ্যময় ছিল। মগধরাজ্যের উচ্ছেদের পর পাল বংশীয় বৌদ্ধ নৃপতিরা খৃষ্টাব্দের দশম শতাব্দীর শেষ পর্য্যন্ত গৌড়ে রাজত্ব করেন। এ সময় বৌদ্ধ ধর্ম্ম ভারতে এক প্রকার হীনপ্রভ হইয়াছিল। স্বধর্ম্মানুরাগী হিন্দু ধর্ম্ম প্রচারকগণ পৌরাণিক ও তান্ত্রিক ধর্ম্মের প্রচারে যত্নবান ছিলেন। ব্রাহ্মণগণ বৌদ্ধ ধর্ম্মের অবনতির সময় বুঝিয়া নির্ভীক হৃদয়ে তান্ত্রিক উপাসনাদি প্রচার দ্বারা সাধারণ লোকদিগকে বৌদ্ধ ধর্ম্ম পরিত্যাগ করিতে শিক্ষা দিয়াছিলেন। এই সময়ের পূর্ব্বে উপপুরাণ ও তন্ত্র সংকলিত হয় ইহা পূর্ব্বে বলা হইয়াছে। পাল বংশীয় বৌদ্ধ নৃপতিরা স্বমত পক্ষপাতী হইয়া ব্রাহ্মণগণের 'ধর্ম্মের বিদ্বেষ[17] করেন নাই বরং তাঁহারা ব্রাহ্মণগণকে ভূম্যাদি দান করিয়াছিলেন প্রমাণ পাওয়া যায়। এই বংশীয় দেবপাল, নারায়ণ পাল প্রভৃতি নৃপতিগণের মন্ত্রীত্বপদে ব্রাহ্মণের অধিরূঢ় ছিলেন। অনেক স্তম্ভ লিপি ও অনুশাসন পত্রে এ সকল বিষয়ের ভূরি ভূরি প্রমাণ পাওয়া যায় *! সুতরাং তান্ত্রিক ধর্ম্ম ক্রমশঃ উন্নতি লাভ করিতেছিল। তান্ত্রিক কাপালিকেরা নির্ব্বিবাদে অরণ্যমধ্যে আপনাদের তন্ত্রোক্ত শক্তির উপাসনায় রত ছিলেন। উপপুরাণ ও তন্ত্রে যে কালীক্ষেত্রের বা

---

[17] * Asiatic Researches Vol. I. p. 133. and Vol. V. p. 132.

কালীপীঠের উল্লেখ পাওয়া যায় তাহা এই দক্ষিণ বাঙ্গালার অরণ্য গর্ভস্থ কালীঘাটের নামান্তর মাত্র। ৪৫ পৃষ্ঠায় উদ্ধৃত তন্ত্রের বচনে ইহা প্রতীয়মান হইতেছে। সুতরাং এই সময়ের অনেক পূর্ব্বে এবং বুদ্ধের তিরোভাবের পর কালীপীঠের প্রকাশ হইয়াছিল বলিতে হইবে।

মগধের ও বাঙ্গালার বৌদ্ধ নৃপতিগণের রাজত্ব সময়ে ভারতের গাঙ্গ্য প্রদেশের বাণিজ্য সুদূর পরিব্যাপ্ত ছিল। হিন্দু বণিকগণ তখন নির্ভীক হৃদয়ে বড় বড় অর্ণবযানে ভাগীরথী সলিলে ভাসমান হইয়া বঙ্গসাগর অতিক্রম করিয়া সিংহল, জাভা, সুমাত্রা, বালি প্রভৃতি দ্বীপে বাণিজ্যার্থ গমন করিতেন★। এই কালীক্ষেত্র বা কালীপীঠ ভাগীরথীর তীরস্থ থাকায় সমুদ্র গমন কালীন বৈশ্য বণিকগণ অরণ্য গর্ভস্থ এই কালীক্ষেত্রের তীরে উঠিয়া মহামায়ার পূজা দিয়া যাইতেন এরূপ অনুমান অসঙ্গত বোধ হয় না।

জগতে যত প্রকার ধর্ম্মাবলম্বী জাতি আছে তন্মধ্যে হিন্দু সর্ব্বাপেক্ষা অধিক ধর্মপরায়ণ। প্রত্যূষে শয্যা হইতে গাত্রোত্থান করিয়া পুনরায় রাত্রে নিদ্রা যাওয়া পর্য্যন্ত হিন্দুর সমস্ত কার্য্যকলাপ তিলার্দ্ধও ধর্ম্মশাস্ত্র বহির্ভূত নহে। সমস্ত বিষয়েই হিন্দুগণ ধর্ম্ম শাস্ত্রের বিধি অনুসারে চলিয়া থাকেন। ধর্ম্মপরায়ণ হিন্দু ধর্ম্ম শাস্ত্র অনুসারে শয্যা হইতে উঠেন, শাস্ত্র অনুসারে স্নান আহার

করেন, শাস্ত্রের বিধিমত গমনাগমন করেন, শাস্ত্রানুসারে [18]নিদ্রা যান এবং ধর্ম্ম শাস্ত্রের বিধি অনুসারে ধর্ম্ম শাস্ত্র বহির্ভূত কার্য্য করেন। কোন স্থানে যাত্রা কালীন তিথি নক্ষত্রাদি গণনা দ্বারা শুভাশুভ সময় নির্ণয় করিয়া যাত্রা করা হিন্দুর স্বভাবসিদ্ধ। বৈশ্য বণিকেরা কোন নূতন ব্যবসা আরম্ভ করিলে বা কোন নূতন অর্ণবযান গঠন বা প্রথম জলে ভাসাইবার সময় স্ব স্ব অভীষ্ট দেবতার আরাধনা করিয়া থাকেন। দেখিতে পাওয়া যায় নৌকায় গমনকালীন এখনও লোকে গঙ্গার "বিশালাক্ষীর দহের" নিকট বা পদ্মার কোন বিপদজনক স্থানের নিকট পূজার জন্য টাকা পয়সাদি দিয়া থাকেন। এখনও যে সকল মাজি মাল্লারা সুন্দরবন হইতে কাষ্ঠ আনিতে বা ঐ আবাদ করিতে যায়, কার্য্যের বিঘ্নাদি দূরাভিপ্রায়ে অগ্রে তাহারা বন দেবীর আরাধনা করে ও পূজা দেয়। হিন্দু বণিকগণ বড় বড় অর্ণবযানে আনন্দে ভাগীরথী সলিলে ভাসমান হইয়া সাগরাভিমুখে গমন কালীন তীরস্থ দেব দেবী দর্শন ও উপাসনা না করিয়া যাইতেন না। কালীপীঠ গঙ্গার তীরবর্ত্তী থাকায় সমুদ্রযাত্রী ও হিন্দু বণিকগণ যাতায়াত সময় তীরে উঠিয়া কালীদেবীর পূজা দিয়া যাইতেন মাজি মাল্লারা কালীক্ষেত্রের তীরে উঠিবার জন্য যে স্থানের নৌকা লাগাইত

---

[18] * See Vincent's "Commerce and Navigation of the Ancients Vol. II. p. 283.

তাহার নিদর্শনের জন্য তাহারা সেই তীরস্থ ভূমিকে "কালী দেবীর ঘাট" বা "কালীর ঘাট" বলিত। ক্রমে তাহার "কালীঘাট" আখ্যা হইল। এরূপ বহুজনাকীর্ণ তীর্থ প্রধান কালীপীঠের প্রথম নামকরণ হিন্দুবণিকগণ কর্তৃক হইয়াছিল দেখিতে পাওয়া যাইতেছে। "কালীঘাট" শব্দে প্রথমতঃ নৌকা হইতে তীরে নামিবার জন্য ভাগীরথীর তীরস্থ স্থানকে ও ক্রমে তীরের উপর লতাগুল্মাদি আবৃত কালীমূর্ত্তি বিরাজিত কতকটুকু স্থানকে বুঝাইত। এইরূপে বহুকাল গত হইলে পর যখন কালীঘাটের অনতিদূরে কয়েকটা গ্রাম দেখা দিল তখন কালীঘাট শব্দে কালীর সম্মুখীন গঙ্গারঘাট, ও কালীর পুরী এবং তাহার চতুষ্পার্শ্বের বেত্রবন পরিবৃত কতক স্থানকে বুঝাইতে লাগিল। এখন বর্তমান সীমান্তর্গত সমুদয় স্থান কালীঘাট নামে অভিহিত হয়।

খৃষ্টের দ্বাদশ শতাব্দীর মধ্যভাগে বল্লালসেন গৌড়ের সিংহাসনে অধিরূঢ় ছিলেন। শুনিতে পাওয়া যায় ইহার সময় অসংখ্য নর নারী পাপ মোচন করিবার জন্য কালীক্ষেত্রে গঙ্গাস্নান করিতে আসিত। গঙ্গাতীরে কালীক্ষেত্র, সুতরাং এই কালীঘাট যে সেই কালীক্ষেত্র তাহার আর সন্দেহ নাই এখনও পর্ব্ব ও পুণ্য যোগ দিনে উত্তর ও পূর্ব্ব বাঙ্গালা হইতে বহু সংখ্যক লোক কালীঘাটে গঙ্গা স্নান করিতে আইসেন। গৌড়ের সেন বংশীয় রাজাদিগের যে কয়েকখানি অনুশাসন পত্র দেখা গিয়াছে তাহাতেই ইঁহারা

শিব ও শক্তির উপাসক ছিলেন বলিয়া বোধ হয়। রাজকার্য্যের বিধার জন্য বল্লাল সেন সমস্ত বাঙ্গালা পাঁচ ভাগে বিভক্ত করিয়া ছিলেন।

১ রাঢ়–ভাগীরথীর পশ্চিম ও গঙ্গার দক্ষিণ

২ বাগড়ি–পদ্মার দক্ষিণ ও ভাগীরথীর পূর্ব্ব

৩ বরেন্দ্র–পদ্মার উত্তর এবং করতোয়ার পশ্চিম ও
              মহানন্দার পূর্ব্ব

৪ বঙ্গ–করতোয়া ও পদ্মার পূর্ব্ব পার্শ্বস্থ প্রদেশ।

৫ মিথিলা – মহানন্দার পশ্চিম।

কিঞ্চিৎ বিবেচনা করিয়া দেখিলে[19] বোধ হইবে যে বাগড়ি বিভাগ লইয়া বর্ত্তমান প্রেসিডেন্সি বিভাগ হইয়াছে এবং কালীঘাট এই বাগড়ি বিভাগের অন্তর্গত ছিল। ইহাতে স্পষ্ট প্রতীয়মান হইতেছে যে বল্লাল সেনের সময় কালীঘাট ও তৎসন্নিকৃষ্ট স্থান আর নিবীড় অরণ্য মধ্যে অপরিজ্ঞাত ছিল না। পঞ্চদশ শতাব্দীর প্রথমভাগে দিল্লীর পাঠান রাজগণের সময়ে কালীঘাটের অনতিদূরে স্থানে স্থানে মনুষ্যের বসত হইয়াছিল। এসময় কালীঘাট চতুস্পার্শ্বে বেত্র কুচুই প্রভৃতি লতাগুল্মাদিতে পরিবৃত ছিল। বর্ত্তমান কালীর পুরীর কিঞ্চিৎ পূর্ব্ব দিকে ঐ বনের মধ্য দিয়া

---

[19] চৈতন্য ভাগবত দেখ

এক অতি অপ্রশস্ত পথ ছিল। সেই পথ এখন সুপ্রশস্ত রসা রোড হইয়াছে। বন মধ্যস্থ এই অপ্রশস্ত পথ দিয়া নকুলেশ ও কালী দর্শনার্থী নাগা সন্ন্যাসী পরমহংস প্রভৃতিরা দলবদ্ধ হইয়া যাতায়াত করিত এবং ঐ পথ দিয়া তাহারা দক্ষিণাভিমুখে পদব্রজে গঙ্গাসাগরের কপিলাশ্রম পর্য্যন্ত গমনাগমন করিত। কালীঘাটের দক্ষিণে সাগর সন্নিকটে ছত্রভোগে অঙ্গুলিঙ্গ শিব ও সঙ্কেত মাধবী প্রতিষ্ঠিত ছিল। কালীঘাটের তলস্থ ভাগীরথী এসময়ও সুপ্রশস্ত ছিল ইহার পর স্থানে স্থানে চর পড়িয়া ক্রমশঃ অপ্রশস্ত হইয়া উ[20]ঠে। কলিকাতা হইতে পশ্চিমাভিমুখে যে প্রশস্ত নদী এখন সমুদ্র গমনের প্রধান পথ হইয়াছে এসময় তাহা সামান্য খাল মাত্র ছিল। তদ্বারা লোকে তখন তমলুক, হিজলী উৎকল প্রভৃতি স্থানে নৌকা পথে যাতায়াত করিত। বর্তমান কালীমূর্তির সন্নিকটে ভাগীরথী ক্রমশঃ ধনুরাকারে বক্র হইয়া উত্তর বাহিনী ছিলেন। বর্তমান কালীকুণ্ড হ্রদ তখন গঙ্গা গর্ভস্থ অতলস্পর্শ দহ ছিল।

---

[20] ** See Calcutta Review, Vol. 22.

[1] + ''বেদবাণাঙ্ক শাকেতু গৌড়ে বিপ্রা:সমাগতাঃ ।

৯৫৪ শক – ১০৩২ খৃ ষ্টাৰ

ঘটকদিগের কুলপঞ্জিকা

আদিস্থুর স্তদাতস্য সভাসন্মন্ত্রীনাম্বরঃ।

সহায় শ্বশুরৈস্যেব বীরসিংহ নিরস্তবান গৌড়ে পাল মহীপাল বংশানুচ্ছিদ্য তৎপরে ।

পালবংশাসনে গৌড়ে স্বয়ং স্বাধীনতাংগতঃ ।।লঘুভারত ৩য় খণ্ড

লঘুভারত। ৩ খণ্ড ।

পরে ক্রমশঃ ভাগীরথী আনীত বালুকা রাশির স্তর পতিত হওয়াতে গঙ্গার স্রোতের পরিবর্তন ঘটিয়াছে।

তদবধি গঙ্গা কালীকুণ্ড হ্রদ হইতে পৃথক হইয়া এখন দক্ষিণ বাহিনী হইয়া পড়িয়াছে। দেখা যাইতেছে পীঠস্থান বলিয়া প্রকাশিত হইবার অনেক কাল পর পর্য্যন্ত কালীঘাট অরণ্যগর্ভে ছিল। সে সময় ভৈরবী, কাপালিক প্রভৃতি ভীষণ শাক্ত্যগণ এই অরণ্য মধ্যে কালীঘাটে নরবলি প্রভৃতি দ্বারা দেবীর পূজা করিত। আদিসুর কর্তৃক এদেশে ব্রাহ্মণ আনয়নের পর হইতে অর্থাৎ খৃষ্টের একাদশ শতাব্দী ** হইতে বাঙ্গালার লোকসংখ্যা ক্রমশ বৃদ্ধি হইতে ছিল। এই লোক সংখ্যার বৃদ্ধির সঙ্গে সঙ্গেই বাঙ্গালার বাগড়ি বিভাগে অধিকতর লোকজনের বসবাস হইতে আরম্ভ হয় সুতরাং দক্ষিণ বাঙ্গালার অরণ্যবাসী কাপালিক করারী প্রভৃতি ভীষণ শাক্ত্য উপাসকগণের প্রাদুর্ভাব স্বতই ক্রমশঃ হ্রাস হইতে লাগিল। পূর্ব্বে বলা হইয়াছে বাঙ্গালার সেনবংশীয় নৃপতিরা শিবশক্তির উপাসক ছিলেন। তাঁহারা হিন্দুধর্ম্মের উন্নতির বিষয়ে অধিকতর মনোযোগ করিতেন এবং তাঁহাদের যত্নে ও তৎপরে চৈতন্যদেব কর্তৃক প্রচারিত ভক্তি প্রধান বৈষ্ণবধর্ম্মের প্রভাবে ভীষণ কাপালিক, করারী প্রভৃতির উপদ্রব ক্রমশঃ তিরোহিত হয়। তাহাদের স্থানে সদাচার সম্পন্ন ব্রহ্মচারীগণ হিন্দুমঠের অধিকারী হয়েন।

উপপুরাণ ও তন্ত্রশাস্ত্রগুলিতে যখন কালীক্ষেত্র বা কালীপীঠের উল্লেখ দেখিতে পাওয়া যাইতেছে তখন ঐগুলি সংকলিত হইবার পূর্ব্বে যে কালীপীঠ প্রকাশিত হইয়াছিল তাহাতে আর সন্দেহ নাই। ভারতে বৌদ্ধ প্রাধান্যের সময় স্বধর্ম্মানুরাগী ব্রাহ্মণগণ কর্তৃক পৌরাণিক ধর্ম্মের প্রচার আরম্ভ হইয়াছিল ইহা পূর্ব্বে বলা হইয়াছে। অতএব অন্যূন দ্বিসহস্র বৎসর পূর্ব্বে এই কালীক্ষেত্র প্রকাশিত হইয়াছে বলিতে হইবে। কিন্তু ঐ সময় উহার কালীঘাট নাম হয় নাই। গৌড়ের পালবংশীয় বৌদ্ধ নৃপতিদিগের সময় হিন্দু বণিকগণ কর্তৃক এই কালীক্ষেত্রের যে প্রকারে কালীঘাট আখ্যা হইয়াছে তাহা পূর্ব্বে বলা হইয়াছে। ঠিক কোন নির্দ্ধারিত সময়ে এই কালীক্ষেত্র একেবারে কালীঘাট আখ্যা পাইয়াছে এমত নহে। তবে এই পর্যন্ত বলা যাইতে পারে যে পালশবংশীয় বৌদ্ধ রাজাদিগের রাজত্ব সময়ে অর্থাৎ অন্যূন সহস্র বৎসর পূর্ব্বে এই আখ্যার সূত্রপাত হইয়াছিল।

ষষ্ঠ অধ্যায়।

কালীঘাটের আদিম অবস্থা। দ্বিতীয় প্রস্তাব

কালীপীঠের প্রকাশের পর অর্থাৎ তন্ত্রোক্ত পীঠবর্ণনা সঙ্কলনের সময় হইতে চৈতন্যদেবের সময় পর্য্যন্ত কালীক্ষেত্রের কেবল নামোল্লেখ ভিন্ন অন্য কিছুই জানিতে পারা যায় না। খৃষ্টের পঞ্চদশ শতাব্দীর শেষভাগে নবদ্বীপে চৈতন্যদেব প্রাদুর্ভূত হয়েন। চৈতন্য ভাগবত ও চৈতন্য চরিতামৃত গ্রন্থে চৈতন্যদেবের উৎকল হইতে প্রত্যাগমনের বর্ণনায় বর্ত্তমান কলিকাতার উত্তরাংশে পানিহাটী ও কালীঘাটের দক্ষিণ ভাগে ছত্রভোগ প্রভৃতি কয়েকটী গ্রামের উল্লেখ পাওয়া যায়। কিন্তু তাহাতে কালীঘাটের কোন উল্লেখ না থাকিলেও ইহা স্পষ্ট প্রতীয়মান হয় যে ঐ পঞ্চদশ শতাব্দীতে কালীঘাট আর নিবিড় অরণ্যগর্ভে অপরিজ্ঞাত ছিল না কারণ উহার চতুষ্পার্শ্বে গ্রাম সন্নিবেশিত হইয়াছিল দেখিতে পাওয়া যাইতেছে। কালীঘাট শাক্ত্যদিগের তীর্থ থাকা প্রযুক্ত বোধ হয় বৈষ্ণব গ্রন্থকারেরা উহার উল্লেখে বিরত হইয়াছেন। কিন্তু এসময় কালীঘাটে অধিবাসী থাকার কোন প্রমাণ পাওয়া যায় না। চৈতন্য দেবের অনেক পরে কালীঘাটে গ্রাম সন্নিবেশিত হইতে আরম্ভ হয়।

দিল্লীর মুসলমান সম্রাট আকবরের রাজত্ব কালে অর্থাৎ খৃষ্টের ষোড়শ শতাব্দীর শেষভাগে আবুল ফাজল আইন আকবরি গ্রন্থ প্রণয়ন করেন। আকবরের সময়ে সুবা বাঙ্গালা কয়েকটী সরকারে বিভক্ত হয়। আইন আকবরি গ্রন্থে সরকার সাতগার মধ্যে কালীকোটা নামক স্থানের উল্লেখ পাওয়া যায়। এক্ষণে দেখা যাউক আবুলফাজল কোন স্থানকে " কালীকোটা " শব্দে নির্দ্দেশ করিয়াছেন।

সপ্তদশ শতাব্দীর প্রথমভাগে দক্ষিণ বাঙ্গালায় সুতানটী, গোবিন্দপুর, প্রভৃতি ভাগীরথী তীরস্থ কয়েকটী গ্রাম বাণিজ্য প্রধান স্থান হইয়া উঠে। ইংরাজ ইষ্টইণ্ডিয়া কোম্পানীর কুটীর অধ্যক্ষ চার্ণক সাহেব হুগলী হইতে ইংরাজদিগকে ১৬৮৬ খৃষ্টাব্দে সুতানটী নামক স্থানে লইয়া আইসেন। পরে ১৬৯০ খৃষ্টাব্দে ইংরাজেরা কালীকোটা নামক স্থানে বাণিজ্য ব্যবসায়ের জন্য আপনাদিগের কুটী নির্ম্মাণ করেন। সেই স্থানের নিদর্শনে দেখা যায় কালীকোটা সুতানটীর দক্ষিণ ও গোবিন্দপুরের উত্তর। সুতানটী বর্তমান কলিকাতার উত্তরাংশ (হাটখোলা) ইহার দক্ষিণ সীমা বর্তমান টাকশাল। গোবিন্দপুরের (বর্তমান ফোর্ট উইলিয়ম ও তৎসংলগ্ন স্থান) উত্তর সীমা কলিকাতার লালদীঘি ও হেয়ার স্ট্রীট। অতএব দেখা যাইতেছে বর্তমান কলিকাতার অন্তর্গত হেয়ারষ্ট্রীট ও টাঁকশালের মধ্যবর্তী স্থানটুকু কালীকোটা। কিন্তু আইন আকবরি সময়ে সুতানটীর দক্ষিণে বর্তমান কালীঘাট পর্যন্ত সমুদয় স্থানকে

কালীকোটা বলিত। পূর্ব্বে ইংরাজেরা কলিকাতার পরগণা ধরিবার সময় উত্তরে বারাকপুর পূর্ব্বে নিমতা ও দক্ষিণে গোবিন্দপুর ধরিতেন। আইন আকবরি প্রণেতা আবুলফাজল সুতানটীর দক্ষিণে বর্তমান কলিকাতা কালীঘাট ভবানীপুর প্রভৃতি সমুদয় স্থানকে এক কালীকোটা শব্দে নির্দ্দেশ করিয়াছেন।

বাস্তবিক আকবরের সময় ঐ সমুদয় স্থান স্থানে স্থানে বাদা ও জঙ্গলাবৃত ছিল, এজন্য বোধ হয় ঐ সকল স্থানের তখন অন্য কোন প্রসিদ্ধ আখ্যা না থাকায় "কালীঘাট" এই এক সাধারণ নামে অভিহিত হইত। বঙ্গভাষানভিজ্ঞ আবুলফাজল সেই "কালীঘাট" শব্দকে পার্সী অক্ষরে ✶ লিখিতে গিয়া "ঘ" স্থলে পার্সীর "গায়েন" না লিখিয়া "ক্বাফ্" লিখিয়া "কালীকোটা" এইরূপ অপভ্রংশ পদ করিয়াছেন সন্দেহ নাই। রাঢ় অঞ্চলে এখনও সাধারণ লোকে[21] কালীঘাটকে কালীঘাটা বলিয়া থাকে। ইউরোপীয়দের মুখে আবুল ফাজলের "কালীকোটা" শব্দের ঈকারের লোপ হইয়া "কালকোটা" ও ক্রমে "কালকট্টা" হইয়াছে এবং এ দেশীয় বণিকগণ ইংরাজ বণিকগণের সংশ্লিষ্ট বশতঃ " কালীকোটা " স্থলে " কালীকাতা বা "

---

[21] ✶ বাঙ্গালা ঘ পার্সী অক্ষরে গায়েন ও হে"– সংযুক্ত।
"ক" পার্সীর " ক্বাফ "।

কলিকাতা " করিয়াছেন। অতএব দেখা যাইতেছে কালীদেবীর নাম হইতে কালীঘাট, কলিকাতা ও ভবানীপুর নাম হইয়াছে (ভবানী, দেবীর অন্যতর নাম)। কালীর নাম হইতে যখন কালীঘাট ভবানীপুর কলিকাতা প্রভৃতি স্থানের নাম হইয়াছে তখন আবুল, ফাজলের গ্রন্থে উল্লিখিত কালীকোটা যে বর্তমান টাকশাল হইতে কালীর পুরী, পর্য্যন্ত তাবৎ স্থানের সাধারণ অভিধেয় ছিল তাহাতে আর সংশয় নাই।

মিসেস্ কিণ্ডারলি কর্তৃক ১৭৬৮ খৃষ্টাব্দের লিখিত পত্রে কালীঘাটের সন্নিহিত স্থানের তদানীন্তন অবস্থার বিষয় অনেক অবগত হওয়া যায়। এই ইংরাজ মহিলা লিখিয়াছেন "বালিয়াঘাটা হইতে কলিকাতার চৌরঙ্গী পর্য্যন্ত সমস্ত স্থান নিম্ন জলা ভূমিতে পরিব্যাপ্ত ছিল। স্থানে স্থানে দু চারটী বাঙ্গালা ঘরে ইংরাজ ও শেঠ উপাধিধারী এতদ্দেশীয় ব্যবসায়ীগণ বাস করিতেন। যাতায়াতের জন্য তখন কেবল পালকী মাত্র ব্যবহৃত হইত। ডাকাইত ও ব্যাঘ্রাদি হিংস্রক জন্তুর উপদ্রবে কেহ রাত্রে একাকী গমনাগমন করিতে পারিত না। ইংরাজদিগের কারখানার লোকেরা সন্ধ্যার পর বাটী গমন সময়ে দলবদ্ধ হইয়া গমন করিত। ইষ্টক নির্ম্মিত ঘর প্রায়ই দৃষ্ট হইত না। কেবল বর্ত্তমান পার্কষ্ট্রিটের নিকট সেণ্টপল স্কুল ও প্রধান বিচারপতি সর্ ইলাইজা ইম্পের থাকিবার একটী ইষ্টক নির্ম্মিত বাটী ছিল। এই স্থানে এখন লরেটো হাউস হইয়াছে।" ১৭৯৪ খৃষ্টাব্দে অপজন সাহেব কর্তৃক প্রস্তুত কলকাতার

মানচিত্রে ধর্ম্মতলা হইতে ভবানীপুরের উত্তর প্রান্ত পর্যন্ত সমস্ত স্থানে কেবল ২৪ টা মাত্র ইষ্টক নির্ম্মিত বাটী দেখিতে পাওয়া যায়। ইংরাজ কুটীর অধ্যক্ষ হলওয়েল সাহেব ১৭৫২ খৃষ্টাব্দের রিপোর্টে লিখিয়াছেন "চৌরিঙ্গী রোড দিয়া দক্ষিণাভিমুখে গমন করিলে কালীঘাট যাওয়া যায়।"

উলা নিবাসী দুর্গাদাস মুখোপাধ্যায় নামক এক ব্যক্তি খৃষ্টের অষ্টাদশ শতাব্দীর মধ্যভাগে "গঙ্গাভক্তি তরঙ্গিণী" নামক গ্রন্থ রচনা করেন∗। এই পুস্তকে তিনি কালীঘাটের যেরূপ বর্ণন করিয়াছেন তাহাতে সুস্পষ্ট প্রতীয়মান হয় যে দেড়শত বৎসর পূর্ব্বে কালীঘাট জন সমাজে সুপরিজ্ঞাত ছিল। নানা স্থান হইতে দর্শনার্থী লোক নিত্য কালীঘাটে আগমন করিত এবং ছাগ মেষ মহিষাদি বলি সহকারে মহা সমারোহে কালীর নিত্য পূজাদি নির্ব্বাহ ও ব্রাহ্মণগণ কর্তৃক চণ্ডী পঠিত হইত।

এ সময় কালীঘাটে কালীর পুরীর সন্নিকটে বর্তমান সেবাইত হালদারদিগের পূর্ব পুরুষ জনকয়েক ঘর সেবাইতের বাস ছিল। কালীঘাটের উত্তর প্রান্তে চড়কডাঙ্গার নিকট তাহাদের দৌহিত্র সন্তান কয়েক[22] ঘর কুলীন সন্তানের বাস ছিল। ইহাদিগের

---

[22] ∗রামগতি ন্যায়রত্ন প্রণীত "বাঙ্গালা ভাষা ও সাহিত্য বিষয়ক প্রস্তাব" দেখ

+চলিল দক্ষিণ দেশে, বালি ছাড়া অবশেষে

বাটীর প্রাচীন দলিলপত্রে দেখা যায় যে এপরাপর ইতর প্রজাদিগকে অন্য স্থানে এওয়াজী ভূমি দিয়া কালীর তদানীন্তন সেবাইতগণ আপনাদের দৌহিত্র সন্তানগণকে এই স্থানের জমি বাসের জন্য প্রদান করিয়াছিলেন। অতএব সুস্পষ্ট দেখা যাইতেছে যে খৃষ্টের সপ্তদশ শতাব্দীর মধ্য ভাগে কালীঘাটে গ্রাম সংস্থাপন হইয়াছিল। এ সময় কালীঘাটের স্থানে স্থানে পঙ্কিল নিম্ন ভূমি দৃষ্ট হইত। মধ্যে মধ্যে দু একটা ইষ্টক নির্ম্মিত সামান্য বাটীতে কালীর সেবাইত ও তাঁহাদের দৌহিত্র সন্তানেরা বাস করিতেন। স্থানে স্থানে উদ্যান ও ইতর প্রজাগণের পর্ণকুটির ছিল।

কর্ণেল কিড সাহেবের দ্বারা উক্ত সময়ের লিখিত বৃত্তান্তে অবগত হওয়া যায় যে তখনও কলিকাতার অনতিদূরে ব্যাঘ্রাদি সঙ্কুল অরণ্য ছিল। ১৭৭৫ খৃষ্টাব্দে কাপ্তেন টলি নামক ইংরাজ সৈনিক বিভাগের জনৈক কর্মচারী ভাগীরথী ক্রমশ অপ্রশস্ত হইয়া যাওয়ায় নিজব্যয়ে ফোর্ট উইলিয়ম দুর্গ হইতে আলিপুর ও মারহাট্টা ডিচ পর্য্যন্ত গঙ্গার পঙ্কোদ্ধার করেন। সেই অবধি ইংরাজেরা উহাকে

উপনীত যথা কালীঘাট ।
দেখেন অপূর্ব্ব স্থান, পূজা হোম বলিদান,
দ্বিজগণে চণ্ডী করে পাঠ
গঙ্গাভক্তি তরঙ্গিণী । ১১০ পৃ।

টলিনালা কহে। এ সময়ের কিছু পূর্ব্বে কলিকাতাকে কখন কখন আলিনগর বলা হইত।

খৃষ্টের ষোড়শ শতাব্দীর শেষভাগে লিখিত কবিকঙ্কণ মুকুন্দরাম চক্রবর্তির চণ্ডীগ্রন্থে কালীঘাট ও তাহার নিকটবর্ত্তী চতুষ্পার্শ্বস্থ তদানীন্তন গ্রাম সমূহের ধারাবাহিক নামোল্লেখ দেখিতে পাওয়া যায়।

ত্বরায় বাহিছে তরি তিলেক না রয়

চিৎপুর সালিথা সে এড়াইয়া যায়॥

কলিকাতা এড়াইল বেনিয়ার বালা

বেতঁড়েতে উত্তরিল অবসান বেলা

ডাহিনে ঙাড়িয়া যায় হিজলীর পথ।

রাজহংস কিনিয়া লইল পারাবত॥

বালুঘাট এড়াইল বেনের নন্দন।

কালীঘাটে গিয়া ডিঙ্গা দিল দরশন।

তীরের প্রমাণ যেন চলে তরীবর।

তাহার মেলানি বাহে মাইননগর॥

চণ্ডীকাব্য। ধনপতির নৌকারোহণ।

বর্দ্ধমান জেলার অন্তঃপাতী দামুন্যা গ্রামে মুকুন্দরামের জন্ম হয়। মুকুন্দরাম স্বীয় গ্রন্থে গ্রন্থোৎপত্তির কারণে লিখিয়াছেন যে রাজা মানসিংহের বাঙ্গালা শাসন কালে মুসলমান জমীদারের অত্যাচারে

জন্মভূমি পরিত্যাগ করিয়া তিনি মেদিনীপুরে[23]র অন্তর্গত আড়রা গ্রামে রঘুনাথরায় নামক কোন রাজোপাধিক ভূম্যধিকারীর সভা পণ্ডিত হয়েন এবং তথায় চণ্ডীকাব্য রচনা করেন। এই রঘুনাথ রায় খৃষ্টের ষোড়শ শতাব্দীর শেষভাগে বর্তমান ছিলেন। রাজা মানসিংহ সম্রাট আকবরের সময়ের শেষভাগে ১৬০৩ খৃঃ অঃ পর্যন্ত বাঙ্গালার শাসনকর্তা ছিলেন। ইহাতে দেখা যাইতেছে মুকুন্দরাম ষোড়শ শতাব্দীর শেষভাগে বর্তমান ছিলেন। চণ্ডীকাব্যের শেষে গ্রন্থ প্রণয়নের যে সময় দেওয়া আছে তদ্দৃষ্টে জানা যায় যে খৃষ্টের ১৫৭৭ অব্দে চণ্ডীকাব্য প্রণীত হইয়াছে।

মুকুন্দরামের চণ্ডীকাব্য রচনার অব্যবহিত পরে ক্ষমানন্দের "মনসার ভাষান" নামক গ্রন্থে কালীঘাটের উল্লেখ দেখিতে পাওয়া যায়। অতএব দেখা যাইতেছে যে খৃষ্টের ষোড়শ শতাব্দীর শেষভাগে অর্থাৎ আইন আকবরি প্রণয়নের সময় কালীঘাট মহাতীর্থ স্থান বলিয়া বিখ্যাত হইয়াছিল।

---

[23] " শকে রস রস বেদ শশাঙ্ক গণিতা।
কতদিনে দিলা গীত হরের বনিতা ॥".
মুকুন্দরাম প্রণীত চণ্ডী ।
১৪৯৯ শক অর্থাৎ ১৫৭৭ খৃঃ অব্দ

সপ্তম অধ্যায়।

কালীমূর্ত্তির প্রথম আবিষ্কার।

কালীঘাটের কালীমূর্ত্তির প্রথম আবিষ্কারের বিষয়ে নানা প্রকার গল্প শুনিতে পাওয়া যায়। বর্ত্তমান কালীমন্দিরের অনতিদূরে অরণ্য মধ্যে পর্ণ কুটীরে কোন ব্রাহ্মণ বানপ্রস্থ অবলম্বন পূর্ব্বক তপস্যা করিতেন। একদা স্বায়ংকালে ভাগীরথী সলিলে সন্ধ্যা বন্দনাদি[24] পাঠ করিতেছেন এমন সময়ে অনতিদূরে অনির্ব্বচনীয় দিব্য বৈদ্যুতিক আলোক তাঁহার নয়ন পথে পতিত হইল। আলোক দেখিয়া ব্রাহ্মণের কৌতূহল বৃদ্ধি হইল এবং তিনি সেই দিকে অগ্রসর হইয়া দেখেন ভাগীরথীর ঘুর্ণায়মান অতলস্পর্শ এক দহের (বর্ত্তমান কালীকুণ্ড হ্রদের) নিকট এক স্থান হইতে ঐ দিব্য আলোক নিঃসৃত হইতেছে। ব্রহ্মচারী ইহার কোন অনুসন্ধান করিতে না পারিয়া আশ্রমে ফিরিয়া আসিলেন বটে কিন্তু তাঁহার কৌতূহলের কিছুমাত্র পরিতৃপ্তি হইল না। পরদিন দিবাভাগে ব্রাহ্মণ ঐস্থান লক্ষ্য করিয়া গিয়া দেখেন যে উক্ত দহের তীরে একটা প্রস্তর খোদিত মুখ রহিরাছে এবং তৎসন্নিকটে সূর্য্যরশ্মি প্রতিফলিতের ন্যায় চাকচিক্যমান মনুষ্যাবয়ব সদৃশ প্রস্তরবৎ অঙ্গুলি পতিত রহিয়াছে। ইহাকে ব্রহ্মচারী পূর্ব্বরাত্রের আলোক দর্শনের

---

[24] কালীঘাটে কালী বন্দ বড়াতে বেতাই ।
মনসার ভাষান । সর্ব্বদেব বন্দনা।

কারণ অনুমান করিলেন এবং এমত মানব সমাগম শূন্য অরণ্য মধ্যে প্রস্তর খোদিত মুখ ও প্রস্তরবৎ পদাঙ্গুলি দেখিয়া বিস্ময়াপন্ন হইলেন। এবং ইহার কোন কারণ স্থির করিতে না পারিয়া ঔৎসুক্য নয়নে চতুর্দ্দিক নিরীক্ষণ করিতে লাগিলেন। তিনি এই ভীষণ অরণ্য মধ্যে মানব সমাগমের কোন চিহ্ন দেখিতে না পাইয়া উক্ত মূর্ত্তি দেবনির্ম্মিতা বলিয়া, স্থির করিয়া তাঁহার পূজাদি সমাপন করিলেন। পরে কালীর প্রত্যাদেশ মতে জানিতে পারিলেন 25যে পূর্ব্বকালে সুদর্শন ছিন্ন হইয়া তাঁহারই অঙ্গ ঐ স্থানে পতিত হইয়াছিল। তখন ব্রহ্মচারী ইতস্ততঃ অনুসন্ধান করিতে করিতে অদূরে স্বয়ম্ভূ লিঙ্গ নকুলেশ্বর ভৈরব রহিয়াছেন দেখিতে পাইলেন। তদবধি ঐ ব্রহ্মচারী উক্ত প্রস্তরবৎ সতী অঙ্গ যত্নপূর্ব্বক ঐ স্থানে রাখিয়া প্রত্যহ তথায় আসিয়া উক্ত কালীমূর্ত্তি ও নকুলেশের পূজা করিতেন।ক্রমশঃ উহা জনসমাজে পরিজ্ঞাত হয়। (১) ইহার পর বেলা অবসান প্রায়। কলিকাতার দক্ষিণ বড়িষার প্রসিদ্ধ ভূম্যধিকারী সাবর্ণি চৌধুরী সন্তোষ রায় মহাশয় একদা অরণ্য পরিবৃত কালীঘাটের তলস্থ ভাগীরথী দিয়া নৌকারোহণে গমন করিতেছেন এমত সময় উক্ত অরণ্যের মধ্যে শঙ্খ ঘণ্টা প্রভৃতির শব্দ শুনিতে পাইলেন। ব্যাঘ্রাদিশঙ্কুল মানব বাস রহিত বনের

---

25 (১) এই জনরবটী বহুকালাবধি এখানকার বৃদ্ধ লোক পরম্পরায় শ্রুত হওয়া যায় ।

মধ্যে এরূপ শব্দ শুনিয়া তিনি বিস্মিত হইলেন। কৌতূহল পরিতৃপ্তির জন্য তিনি ঐ স্থানে নৌকা হইতে অবতরণ পূর্ব্বক শব্দ লক্ষ্য করিয়া বনমধ্যে প্রবেশ করিলেন। এবং অদূরে জনৈক ব্রহ্মচারী এক পাষাণময়ী কালীমূর্তির স্বয়ংকালোচিত আরতি করিতেছেন দেখিতে পাইলেন। সন্তোষ রায় স্বয়ং শক্তিমন্ত্রে দীক্ষিত ছিলেন। তিনি ভক্তিভাবে দেবীকে প্রণাম করিলেন এবং ব্রহ্মচারীর সহিত আলাপ পরিচয় করিয়া অবগত হইলেন, যে ঐ স্থানে সতী অঙ্গ পতিত হইয়াছিল বলিয়া উক্ত ব্রহ্মচারী ঐ স্থানে ঐ দেবীর মূর্তির পূজা করিয়া থাকেন। তদবধি সন্তোষ রায় মধ্যে মধ্যে ঐ স্থান দর্শন করিতে আসিতেন এবং এই সময় হইতে উহা জনসাধারণের পরিজ্ঞাত হইয়া উঠে। (২)

বড়িষার সাবর্ণি চৌধুরী জমীদারগণের পূর্ব্ব পুরুষ কেশব চন্দ্র রায় চৌধুরী গঙ্গাতীরে 26আপন জমীদারী ভূক্ত অরণ্য মধ্যে জপ তপাদি করিতেন। একদা কালীমাতাঠাকুরাণীর প্রত্যাদেশ মতে বর্ত্তমান কালীকুণ্ড হ্রদ হইতে ব্রহ্মার স্থাপিত বর্তমান কালীর প্রস্তর খোদিত মুখমণ্ডল প্রাপ্ত হইয়া ঐ কুণ্ডের পশ্চিম তীরে (যেখানে বর্তমান কালীমন্দির আছে) স্থাপন করেন এবং কালীর সেবার জন্য উক্তস্থানের (কালীঘাটের) জমি নির্দ্দিষ্ট করিয়া দিয়া মনোহর ঘোষাল নামক এক ব্যক্তিকে পরিচারক নিযুক্ত করেন।

---

26 (২) এটী ও একটী সাধারণ জনরব।

কালীঘাটের বন কাটাইয়া তিনি কালীর ইমারত নির্মাণ করাইয়া দিয়াছিলেন। কেশব রায়ের চতুর্থ পুত্র সন্তোষ রায় পিতৃ আজ্ঞা ক্রমে কালীর ইমারতের স্থানে একটা ছোট মন্দির প্রস্তুত করাইয়া দেন। পরে এই ছোট মন্দির ভগ্ন হওয়ায় ঐ চৌধুরী বংশীয় রাজীব লোচন রায় চৌধুরী মহাশয় আলিপুরের তদানীন্তন কালেক্টর মাঃ ইলিয়ট সাহেবের অনুমতি ক্রমে বড় মন্দির করিয়া দেন। কেশব রায়ের নিযুক্ত পরিচারক পূর্ব্বোক্ত মনোহর ঘোষাল অপুত্রক পরলোক গমন করায় তাহার দৌহিত্রগণ পুরুষানুক্রমে দেবত্তর ভূমি লইয়া কালীর সেবা করিয়া আসিতেছেন। কালীর বর্ত্তমান সেবাইত হালদারগণ উক্ত মনোহর ঘোষালের দৌহিত্র বংশীয়। (৩) যে স্থানকে এখন কালীঘাট কহে তাহা পূর্ব্বে বড়িষার প্রসিদ্ধ ভূম্যধিকারী সাবর্ণি চৌধুরীদিগের জমীদারী ভূক্ত চাঁদপুর গ্রাম বলিয়া অভিহিত হইত। ঐ স্থান অতি পূর্ব্বে অরণ্যময় ছিল। পরিশেষে আত্মারাম নামে এক ব্রহ্মচারী স্বপ্নে দেখার কৃপায় জানিতে পারেন যে ঐ স্থানে সতী অঙ্গ নিপতিত হইয়াছিল। তিনি ঐ স্থানের মাহাত্ম্য অবগত হইয়া স্বপ্নাদেশ ক্রমে গৃহত্যাগ করিয়া ঐ স্থানে আইসেন ও উহা জন সমাজে প্রকাশ করেন।

[27]পরে বড়িষার সাবর্ণি জমীদার কেশবচন্দ্র রায় চৌধুরী মহাশয়ের ভ্রাতা কাশীশ্বর রায় ঐ স্থানে একটা ক্ষুদ্র মন্দির নির্মাণ করাইয়া দেন। তদবধি ঐ কালীমূর্ত্তি উক্ত মন্দির মধ্যে স্থাপিত হয়। উহা ভাগীরথীর পূর্ব্বপারে ঘাটের সন্নিকট বশত ঐ স্থানের কালীঘাট নাম হয়। পরিশেষে আলিপুরের সুবর্বন মাজিষ্ট্রেট মাঃ জন ইলিয়ট সাহেবের সময় অর্থাৎ ১৮০৯ খৃষ্টাব্দে উক্ত বড়িষার সাবর্ণি চৌধুরী জমীদারেরা সাধারণ চাঁদা করিয়া বর্তমান বড় মন্দির নির্মাণ করাইয়া দেন। এবং কালীর প্রাত্যহিক পূজাদির ব্যয় নির্ব্বাহার্থ উক্ত মন্দিরের চতুষ্পার্শ্বে ৫ বা ৬ শত বিঘা ভূমি দান করেন। এই সকল জমি কালীর বর্তমান সেবাইত হালদারগণ এখন ভোগ দখল করিতেছেন। (৪) প্রায় তিন শত বৎসর গত হইল কালীঘাটের মন্দির নির্ম্মিত হইয়াছে। সাবর্ণি চৌধুরী বংশীয় কোন ব্যক্তি তৎকালে এই অঞ্চলে বিশেষ সমৃদ্ধিশালী ছিলেন। তিনি ঐ স্থানের জঙ্গল পরিষ্কার করাইয়া মন্দির নির্মাণ করেন এবং দেবীর সেবার জন্য ১৯৪ একর ভূসম্পত্তি দান করেন। চণ্ডীবর নামে একব্যক্তি কালীর সেবার জন্য প্রথম পুরোহিত নিযুক্ত হন।

---

[27] ৩) ১৮৭৬ সালের ৭ আইন অনুযায়ী আলীপুরের কালেক্টরীর (১৮৮২।৮৩ সালের ১৭ নং মোকদ্দমায় বড়িষার বর্তমান সাবর্ণি চৌধুরী জমাদারগণের পক্ষের আপত্তির হেতুবাদ। ৪ হইতে ৮ দফা ।

(8) Administration Report of the Suburban Municipality 1872-73 page 46.
(5) Statistical Account of Bengal by W. W. Hunter, Vol. I, p. 101.

কালীর বর্তমান সেবাইত ও অধিকারী হালদারগণ এই চণ্ডীবরের সন্তান। (৫)

কালীঘাটের কালীমূর্তির প্রথম আবিষ্কারের বিষয়ে যে পাঁচটী বিবরণ লেখা গেল তাহা পরস্পর বিরোধী। দুটীর পরস্পর সামঞ্জস্য দেখিতে পাওয়া যায় না। এ সকল ভিন্ন ভিন্ন লোকের কল্পনা প্রসূত ভিন্ন আর কিছুই নহে। দ্বিতীয় ও তৃতীয়টী যে সম্পূর্ণ অপ্রামাণিক তাহা পশ্চাৎ দুইটা অধ্যায় পাঠ করিলে বুঝা যায়। নবম অধ্যায়ে দেখা যাইবে যে কেশব রায়ের পুত্র সন্তোষ রায় খৃষ্টের অষ্টাদশ শতাব্দীতে বর্তমান ছিলেন। তদনুসারে অষ্টাদশ শতাব্দীর প্রথমভাগে বা সপ্তদশ শতাব্দীর শেষভাগেও কেশব রায়ের বর্তমান থাকা ধরিলে তাঁহাদিগের দ্বারা কালীমূর্তির প্রকাশ সম্পূর্ণ অসম্ভব হইয়া পড়ে কারণ পূর্ব্ব অধ্যায়ে দেখান হইয়াছে যে ষোড়শ শতাব্দীর শেষভাগে অর্থাৎ কেশব রায়ের সময়ের একশত বৎসর পূর্ব্বে রচিত মুকুন্দরামের চণ্ডীকাব্যে পীঠস্থান কালীঘাট ও তাহার অদূরবর্তী গ্রাম সমূহের উল্লেখ আছে। দেবীর প্রত্যাদেশ মতে কেশব রায় কর্তৃক কালীঘাটের কালীমূর্তির প্রথম প্রকাশ হইলে মুকুন্দরামের গ্রন্থে ধনপতির কালীঘাটের নিকট দিয়া গমনের ও শ্রীমন্তের কালীঘাটে মহাকালীর পূজা দেওয়ার কথা কখনই লিখিত হইতে পারিত না। আর কেশব রায়ের পুত্র সন্তোষ রায় কর্তৃক কালীঘাটের প্রথম প্রকাশ হইলে অষ্টাদশ

শতাব্দীর মধ্যভাগে লিখিত গঙ্গাভক্তি তরঙ্গিণীতে কালীঘাটে বলিদান ও ব্রাহ্মণগণ কর্তৃক চণ্ডীপাঠের উল্লেখ ও কখনই সম্ভাবিত না। দ্বিতীয় জনরবে সন্তোষ রায় শঙ্খ ঘণ্টার শব্দ পাইয়া বনমধ্যে জৈনক ব্রহ্মচারীকে আরতি করিতে দেখিতে পান। অতএব ঐ কথা অনুসারে সন্তোষ রায়ের সময়ে কালীঘাটে কোন ব্যক্তি কালীর সেবাইত থাকা বিশদ করিয়া দিতেছে। তৃতীয় বিবরণে কেশব রায় কর্তৃক মনোহর ঘোষাল নামক জৈনক ব্রাহ্মণকে সেবাইত নিযুক্ত ও দেবত্তর জমি চিহ্নিত করিয়া দেওয়ার কথা আছে। কিন্তু এই পুস্তকের পরিশিষ্টে সন্তোষ রায় কর্তৃক উক্ত মনোহর ঘোষালকে দেবত্তর ভূমি দানের যে তায়দাদ দেওয়া গেল তাহাতে দেখা যায় যে ১৭৫১ সালে মনোহর ঘোষাল সন্তোষ রায়ের নিকট দেবত্তর ভূমি প্রাপ্ত হন। সুতরাং কেশব রায়ের প্রথমাবস্থায় অর্থাৎ সপ্তদশ শতাব্দীর শেষভাগে এই মনোহর ঘোষালের বর্তমান থাকা সন্দেহ বোধ হয়। আর যদিও বর্তমান থাকেন তখন বাল্যাবস্থা। ওরূপ বয়সে কালীর সেবাইত নিযুক্ত হওয়া কতদূর সম্ভব বলা যায় না। বিশেষ কেশব রায় কর্তৃক দেবত্তর দানের কোন তায়দাদ দেখা যায় না। আরও উক্ত তায়দাদে সন্তোষ রায় কর্তৃক মনোহর ঘোষাল ব্যতীত অপরাপর অনেককে ভূমি দান করা দেখা যাইতেছে। তন্মধ্যে কালীঘাটের জৈনক সেবাইত ও অধিকারী গোকুল হালদারের নাম দেখা যায় এবং তিনিও ১৭৫১ সালে ভূমিদান গ্রহণ করেন। ইহার পরের

অধ্যায়ে দেখা যাইবে যে ভুবনেশ্বর নামক জনৈক ব্রহ্মচারী ষোড়শ শতাব্দীর মধ্যভাগে কালীর সেবাইত ছিলেন। এই গোকুল হালদার উক্ত ভুবনেশ্বর হইতে অধস্তন সপ্তম পুরুষে বর্তমান ছিলেন। কেশব রায় কর্তৃক মনোহর ঘোষাল সেবাইত নিযুক্ত হইলে, এক সময়ে উক্ত গোকুল হালদার ও তাঁহার অন্যান্য জ্ঞাতিগণ এবং উক্ত মনোহর ঘোষালের কালীর সেবাইতরূপে, বর্তমান থাকা হইতেছে। সুতরাং কালীর বর্তমান সেবাইত হালদারগণ কিরূপে মনোহর ঘোষালের দৌহিত্র বংশোদ্ভব হয় বুঝা যায় না। উক্ত তায়দাদে যে সকল দত্ত ভূমির উল্লেখ আছে তাহার একটীও কালীঘাট গ্রামে নহে। এই সকল পর্যালোচনা করিলে কালীমূর্ত্তি প্রকাশের বিষয়ে দ্বিতীয় ও তৃতীয় বিবরণ যে সম্পূর্ণ অপ্রামাণিক ও কল্পনা প্রসূত তদ্বিষয়ে আর সংশয় থাকে না।

চতুর্থ বিবরণটীর লিখিত আত্মারাম ব্রহ্মচারীর নাম আমরা পাই না। তবে ইহা সহসা অবিশ্বাস করিতেও পারি না। কালীর প্রথম প্রকাশ যে কোন অরণ্যবাসী বা গৃহত্যাগী সন্ন্যাসী বা ব্রহ্মচারী বা কাপালিক দ্বারা হইয়াছিল তাহা একপ্রকার অনুমান করা যাইতে পারে। মিউনিসিপাল রিপোর্ট লেখক কোথা হইতে প্রথম প্রকাশক ব্রহ্মচারীর নাম আত্মারাম পাইলেন তাহা কিছুই বলেন নাই। কাশীশ্বর রায় নামক বড়িষার জমীদার কেশব রায়ের কোন ভ্রাতার উল্লেখ আমরা পাই না। বরং নবম অধ্যায়ে দেখা যাইবে আদৌ কাশীশ্বর নামে কেশব রায়ের কোন ভ্রাতা ছিলেন না।

বড়িষার জমীদারদিগের সময়ে অর্থাৎ খৃষ্টের সপ্তদশ শতাব্দীর শেষভাগে কালীঘাট যে তাঁহাদের জমীদারী ভুক্ত চাঁদপুর গ্রাম বলিয়া অভিহিত হইত তাহা আমরা অনুমান করিতে পারি না। কারণ রেনল্ড টেলর ও রিচার্ড সাহেবদিগের দ্বারা ১৭৭২ খৃষ্টাব্দে প্রস্তুত জরিপি নক্সায় এ বিষয়ের কোন উল্লেখ নাই। কালীঘাট চাঁদপুর বলিয়া অভিহিত হইলে ইংরাজ ইষ্টইণ্ডিয়া কোম্পানির এতদ্দেশের দাওয়ানী প্রাপ্তির পর রাজস্ব বন্দোবস্তের অথবা তাহার বহু পূর্ব্বে আকবরের রাজত্ব সময়ের * "ওয়াশীল তুমার জমার " কাগজ পত্রে এই চাঁদপুরের উল্লেখ অবশ্যই দেখিতে পাওয়া যাইত। মেজর আর স্মাইথ্ সাহেবের কৃত ১৮৫৫ সালের ২৪ পরগণা জেলার মানচিত্রে দেখা যায় চাঁদপুর কালীঘাটের প্রায় দেড় ক্রোশ দক্ষিণে অবস্থিত বর্ত্তমান রসা গ্রামের অন্যতর নাম। এই নাম এখন অপ্রচলিত।

মাঃ হণ্টার সাহেবের লিখিত বিবরণে দেখা যায় চণ্ডীবর নামক একজন কালীর প্রথম সেবাইত ছিলেন। হণ্টার সাহেব কোথা হইতে ইহা পাইলেন জানি না। পর অধ্যায়ে দেখিতে পাওয়া যাইবে যে চণ্ডীবর নামে কেহ আদৌ কালীর সেবাইত ছিলেন না। ফলতঃ কালীর বর্ত্তমান সেবাইত ও অধিকারী হালদারগণ চণ্ডীবর তপস্বীর (চক্রবর্ত্তি) সন্তান। ইহা শুনিয়াই বোধ হয় হণ্টার সাহেব চণ্ডীবরকে কালীর প্রথম নিযুক্ত সেবাইত বলিয়াছেন। পরে প্রদর্শিত হইবে যে এই চণ্ডীবর খৃষ্টের পঞ্চদশ

শতাব্দীর শেষভাগে বা ষোড়শ শতাব্দীর প্রথমে পূর্ব্ববঙ্গে বর্তমান ছিলেন এবং বড়িষার সাবর্ণিরা সপ্তদশ শতাব্দীর প্রথমভাগে মানসিংহের সময় প্রথম জমীদারী প্রাপ্ত হন। অতএব বড়িষার সাবর্ণি জমীদার কর্তৃক চণ্ডীবরের কালীর সেবাইত নিযুক্ত হওয়া সম্পূর্ণ অবাস্তবিক কথা বলিয়া প্রতীয়মান হয়।

যাহা হউক ইহা অবশ্য স্বীকার করিতে হইবে যে কালীঘাটে কালীমূর্ত্তির প্রথম প্রকাশ অবশ্য অরণ্যবাসী বা গৃহত্যাগী ভ্রমণ তৎপর কোন না কোন সন্ন্যাসী বা ব্রহ্মচারী দ্বারা হইয়া থাকিবে। কোন্ সময়ে এবং কাহা দ্বারা কি প্রকারে প্রকাশিত হয় তাহা স্থির করা বড় দুরূহ। কালীর সেবাইতের মধ্যে ভুবনেশ্বর নামক জনৈক ব্রহ্মচারী আমরা প্রথম দেখিতে পাই। ইনি কালীর বর্তমান অধিকারী হালদারগণের পূর্ব্ব পুরুষের মাতামহ। হালদারগণ ও ঘটকদিগের দ্বারা রক্ষিত হালদারগণের উর্দ্ধতন বংশাবলী দেখিলে ভুবনেশ্বরের পর হইতে কালীর সেবাইতগণের ধারাবাহিক নাম প্রাপ্ত হওয়া যায়।

বহু পূর্ব্বে কাপালিক প্রভৃতি তান্ত্রিকগণ অরণ্য মধ্যে শক্তির সাধনা করিত ইহা পূর্ব্বে বলা হইয়াছে। পঞ্চদশ শতাব্দীর শেষভাগে দিল্লীর পাঠান রাজগণের সময় ভারতের নানা প্রদেশে মুসলমান অধিকার পরিব্যাপ্ত হইতে ছিল। অনেক প্রদেশের মুসলমান শাসন কর্তারা দিল্লীর অধীনতা পর্যন্ত অস্বীকার করিয়া স্ব স্ব শাসনাধীন প্রদেশে স্বতন্ত্র মুসলমান রাজ্য স্থাপনের প্রয়াস

পাইতে ছিলেন। দেশের অন্তর্বাণিজ্য, গ্রাম ও নগর এবং লোক সংখ্যা ক্রমশ বৃদ্ধি পাইতেছিল। এই সময় হিন্দুধর্ম্মের এক নূতন সম্প্রদার বহির্গত হয় চৈতন্য ভক্তিপ্রধান বৈষ্ণবধর্ম্ম প্রচার করেন। উহার স্রোত অবিলম্বে সমগ্র দেশে পরিব্যাপ্ত হইয়া উঠে। এই সকল নানা কারণে তান্ত্রিক ধর্ম্মের উন্নতির ব্যাঘাত ঘটে। সুতরাং দেহাভিমানী তান্ত্রিক কাপালিকদিগের প্রভাব ও সংখ্যা ক্রমশঃ হ্রাস হইয়া আইসে। এ সময় কালীঘাটে কোন্ ব্যক্তি কালীর সেবাইত ছিলেন তাহার ঠিক নিদর্শন পাওয়া যায় না। এরূপ অনুমান হয় যে নরহিংসক ঘোর তান্ত্রিক কাপালিকদিগের প্রাদুর্ভাব হ্রাস হইলে কালীঘাট কোন ব্রহ্মচারী বা সন্ন্যাসীর পরিচর্য্যাধীনে আইসে। অন্যান্য হিন্দুমঠের মত ব্রহ্মচারী ও সন্ন্যাসীরা গুরু পরম্পরায় মঠাধিকারী হইয়া কালী ও নকুলেশ্বরের সেবা করিয়া আসিতেছিলেন। বর্ত্তমান সময়ের মত তাঁহারা যাত্রিগণের প্রদত্ত অর্থের উপর নির্ভর করিয়া থাকিতেন না। আপনারা নির্জ্জন স্থানে শিব ও শক্তির সাধনায় কালাতিপাত করিতেন।

১২০৬ খৃষ্টাব্দে লক্ষ্মণসেনের রাজ্যচ্যুতির পর বাঙ্গালায় মুসলমান অধিকারের সূত্রপাত হয়। কিন্তু ষোড়শ শতাব্দীর শেষভাগে আকবর বাদসাহের সময় পর্য্যন্ত বঙ্গদেশের স্থানে স্থানে পরাক্রান্ত হিন্দুরাজারা স্বাধীনভাবে কর্তৃত্ব করিতেন। বিষ্ণুপুর ও পঞ্চকোটে পাঠানদিগের ক্ষমতা প্রবিষ্ট হয় নাই। পূর্ব্ব বাঙ্গালায় চট্টগ্রাম আরাকান রাজের, এবং ত্রিপুরা, ত্রিপুরাধিপতির হস্তে ছিল। উত্তরে

কুচবেহারে স্বাধীন হিন্দুরাজা ছিল। দক্ষিণে তাবৎ বাগড়ি বিভাগ যশোহরের কায়স্থ রাজাদিগের হস্তে ছিল। সুতরাং কালীঘাট ও তৎসন্নিহিত স্থান পাঠানদিগের উচ্ছেদের পর হইতে যশোহরের কায়স্থ রাজাদিগের অধিকারভূক্ত ছিল। ইংরাজ ইষ্টইণ্ডিয়া কোম্পানী দক্ষিণ বাঙ্গালার ৩৭টী গ্রামের জমীদারী সত্ব প্রাপ্ত হইবার পর অনেক কাল পর্যন্ত কলিকাতার চতুষ্পার্শবর্ত্তী স্থান "যশোহর ডিবিজনের" অন্তর্গত বলিয়া উল্লিখিত হইত। পরে এখন ইহা "প্রেসিডেন্সি বিভাগের" অন্তর্ভূত হইয়াছে।

ষোড়শ শতাব্দীতে সংকলিত আইন আকবরিতে দেখিতে পাওয়া যায় যে বাঙ্গালার জমীদারেরা প্রায়ই কায়স্থ ছিলেন এবং তাঁহারা সম্রাটের সাহায্যার্থ সৈন্য ও যুদ্ধ সামগ্রী যোগাইতেন। কেবল পশ্চিম বাঙ্গালায় মুসলমান সেনাপতিদিগের জাইগীর ছিল। তাঁহারা বহিঃশত্রু হইতে দেশ রক্ষা করিতেন। আকবর সাহের রাজত্ব কালে পূর্ব্বদেশে "বারভুইয়া" নামক পরাক্রমশালী জমীদারদিগের উল্লেখ দেখিতে পাওয়া যায়।

---

[1] যশোহরের রাজা প্রতাপাদিত্য, ভূষণার মুকুন্দরায়, চন্দ্রদ্বীপের কন্দর্পরায়, ভুলুয়ার লক্ষ্মণমাণিক, বিক্রমপুরের কেদার রায়, ভুয়ালের ফজলগাজি, থিজিরপুরের ইশাখাঁ, সাতৈলের রামকৃষ্ণ, চাঁদপ্রভাপের চাঁদগাজি এবং পুঁটিয়ার রাজা, তাহীরপুরের রাজা ও দিনাজপুরের রাজা এই বারজন ভুইয়া জমীদার।

অষ্টম অধ্যায়

কালীর সেবাইত ও অধিকারী—হালদার বংশ।

কালীর সেবাইতগণের মধ্যে ভুবনেশ্বর চক্রবর্ত্তি কুলব্রহ্মচারীর নাম প্রথম পাওয়া[২৪] যায়। ভুবনেশ্বর যোগ সাধনায় রত থাকিতেন এবং পীঠস্থান নির্জ্জন কালীঘাটে গঙ্গাতীরে বাস করিয়া কালীর সেবা করিতেন । যোগ প্রভাবে ভুবনেশ্বরের অসাধারণ ক্ষমতা জন্মিয়াছিল। কথিত আছে তিনি অন্তর্যোগে নিযুক্ত থাকিয়া ধ্যানে কালীর সাক্ষাৎ লাভ করিতেন। যে সকল নাগা দণ্ডি ভৈরব অবধূত প্রভৃতি সন্ন্যাসীরা তৎকালেকালীপীঠ দর্শনার্থ তথায় আগমন করিত সকলেই ভুবনেশ্বরের অলৌকিক ক্ষমতা দর্শনে তাঁহাকে গুরু ব্রহ্মচারী বলিয়া সম্বোধন করিত। যশোহরের কায়স্থ রাজা বসন্তরায় ভুবনেশ্বরের শিষ্য হইয়াছিলেন। সন্তানাদির মধ্যে, ভুবনেশ্বর ব্রহ্মচারীর একটি মাত্র কন্যা ছিল। খনিয়ান গ্রাম নিবাসী ভবানীদাস চক্রবর্তির সহিত ভুবনেশ্বর কন্যার বিবাহ প্রদান করেন। ভবানীদাস সুরাই মেলের কাশ্যপ গোত্রীয় চণ্ডীবর চক্রবর্তির (তপস্বী) সন্তান। ইহার পিতার নাম পৃথ্বীধর। পৃথ্বীধর তীর্থ ভ্রমণে বহির্গত হইয়া যথোচিত সময়ে গৃহে প্রত্যাগমন না করায় ভবানীদাস পিতার অন্বেষণে বহির্গত হন। ভবানীদাস কালীঘাটে আসিলে ভুবনেশ্বর তাহার পরিচয় পাইয়া

.

তাহাকে স্বীয় কন্যা গ্রহণে অনুরোধ করেন। ইতিপূর্ব্বে ভবানীদাসের বিবাহ হইয়াছিল। ভবানীদাস ভুবনেশ্বরের অনুরোধ এড়াইতে না পারিয়া অগত্যা স্বীকার করিলেন। ভবানীদাসের পিতা পৃথ্বীধর, চণ্ডীবর চক্রবর্ত্তির (তপস্বী) পুত্র। এই চণ্ডীবর, দেবীবর ঘটকের মেল বন্ধন সময়ে বর্ত্তমান ছিলেন এবং সুরাই মেল মধ্যে পরিগণিত হয়েন। দেখা যাইতেছে দেবীবরের অব্যবহিত পরেই ভুবনেশ্বর বর্ত্তমান ছিলেন। এখন দেবীবর ঘটকের সময় নির্ণীত হইলেই ভুবনেশ্বর ব্রহ্মচারীর সময় পাওয়া যাইবে।

যখন স্মার্ত্ত 'রঘুনন্দন ভট্টাচার্য্য' বঙ্গের আচার ব্যবহার বিধি প্রবর্তক স্মৃতিশাস্ত্র সংগ্রহ করেন, নিমাই গৌরাঙ্গ গৃহত্যাগী হইয়া সন্ন্যাসধর্ম্ম গ্রহণ ও ভক্তিপ্রধান বৈষ্ণবধর্ম প্রচার করেন এবং কাণাভট্ট শিরোমণি রঘুনাথ ভট্টাচার্য্য মিথিলার প্রধান নৈয়ায়িক পক্ষধর মিশ্রকে বিচারে পরাস্ত করিয়া ন্যায় বিষয়ে ভারতবর্ষ মধ্যে নবদ্বীপের প্রাধান্য সংস্থাপন এবং "চিন্তামণি দীধিতি" নামক প্রসিদ্ধ ন্যায় গ্রন্থ প্রণয়ন করেন, সেই সময়ে ভট্টনারায়ণের অধস্তন ১৬ পুরুষে বন্দ্যবংশে সর্ব্বানন্দ ঘটকের ঔরসে দেবীবরের উদয় দেখা যায়। এই বিষয়ে প্রাচীন ঘটকদিগের একটা পয়ার পরবর্তী পৃষ্ঠায় উদ্ধৃত করা গেল।

ঢেয়ে ছোঁড়া বড় দুষ্ট নিয়ে তার নাম।

রঘো বেটা মোটা বুদ্ধি ঘটে করে ধাম।

কাণা ছোঁড়া বুদ্ধেদড় নাম রঘুনাথ

মিথিলার পক্ষধরে যে করেছে মাথ॥

তিন জনে তিন পথে কাঁটাদিল শেষ।

ন্যায় স্মৃতি ব্রহ্মচর্য্য[29] হইল নিঃশেষ।

কাণার সিদ্ধান্তে ন্যায় গৌতমার্দ্দি হত।

প্রাচীন স্মৃতির মত নন্দাহাতে গত॥

শচীছেলে, নিমেবেটা নষ্টমতি বড়।

মাতা পত্নী দুই ত্যাগী সন্ন্যাসেতে দড়॥

এইকালে রাঢ়ে বঙ্গে পড়ে গেল ধুম।

বড় বড় ঘর যত হইল নিধুম॥

কিছু পরে সঙ্কেতের বংশে এক ছেলে।

নামে খ্যাত দেবীবর লোকে যারে বলে (১)।

সেই ছোঁড়া মনে করে কুলে করে ভাগ।

তদবধি কুলে আছে ছত্রিশের দাগ॥

দোষ দেখে কুল করে একি চমৎকার।

---

[29] (১) দুর্ব্বলীর পুত্র সঙ্কেত, পুং অনন্ত, পুং লক্ষ্মীকান্ত পুং সর্ব্বানন্দ, পুং দেবীবর ।

অজ্ঞান কুলীনপুত্র কুলে হয় সার।

দেখা যাইতেছে যে চৈতন্যের সন্ন্যাস গ্রহণের কিছু পরে দেবীবর ঘটক রাঢ়ীয় ব্রাহ্মণগণের মধ্যে মেলবন্ধন কার্য্যে প্রবৃত্ত হন। ১৪০৭ শকে অর্থাৎ ১৪৮৫ খৃষ্টাব্দে ফাল্গুন মাসে পূর্ণিমা তিথিতে সন্ধ্যাকালে নবদ্বীপে নিমাই চৈতন্যের জন্ম হয় ⋆। গৌরবর্ণ এবং সুগঠন সম্পন্ন ছিলেন বলিয়া গৌরাঙ্গ নামে প্রসিদ্ধ এবং সন্ন্যাস গ্রহণের পর চৈতন্য নামে বিখ্যাত হইয়াছিলেন। এই সময় বঙ্গদেশের প্রধান প্রধান বংশসম্ভূত ব্যক্তিগণ তন্ত্রোক্ত ক্রিয়ানুষ্ঠানে রত ছিলেন। গৌরাঙ্গ তন্ত্রোক্ত হিংসা ও মদ্যপান নিবর্ত্তক জাতিভেদ বিলোপী ভক্তি প্রধান বৈষ্ণব ধর্ম প্রচারে উদ্যোগী হইয়া ১৫০৯ খৃষ্টাব্দে ২৪ বৎসর বয়ক্রম কালে সন্ন্যাসধর্ম গ্রহণ করেন এবং ১৫৩৩ খৃষ্টাব্দে ৪৮ বৎসর বয়ক্রমে অন্তর্হিত হয়েন। তাঁহার প্রভাবে[30] এদেশে মাংস ও নরবলি প্রভৃতি দ্বারা তামসিক বিধানে শক্তি উপাসনার প্রাদুর্ভাব ও কাপালিক করারী প্রভৃতির উপদ্রব অনেকাংশে কমিয়া যায়।

---

[30] যে কালে বিরুর কন্যা পারুনিয়া যায়।সেই কালে লোকে দেখে দেবীর উদয়॥ বন্দ্যবংশে অংশে তার হইল আবির্ভাব।সংক্ষেত বাঁড়রি নাম অতি প্রাদুর্ভাব॥সংক্ষেত দুর্বলীর পুত্র লোকে পরিচয়।তাঁহার পঞ্চমে দেখ দেবী মহাশয়॥

প্রাচীন ঘটকদিগের কারিকা

চৌদ্দশত সাতশকে মাস ফাল্গুন।পৌর্ণমাসী সন্ধ্যাকালে হাল শুভক্ষণ॥
অকলঙ্ক গৌরচন্দ্র দিলা দরশন। সকলঙ্ক চন্দ্রে আর কোন প্রয়োজন॥
চৈতন্য চরিতামৃত। আদি লীলা।১৩ পরিচ্ছদ॥

পূর্ব্বে লিখিত প্রাচীন ঘটকদিগের পয়ার অনুসারে দেখা যায় যে চৈতন্যদেবের সন্ন্যাসধর্ম্ম গ্রহণের অর্থাৎ ১৫০৯ খৃষ্টাব্দের অব্যবহিত পরে দেবীবর ঘটক রাঢ়ীয় কুলিনগণকে ৩৬ মেলে বন্ধন করেন। বহুরূপ হইতে অধস্তন নবম পুরুষে চণ্ডীবর সুরাইমেলে পরিগণিত হয়েন। অতএব চণ্ডীবর চক্রবর্ত্তি (তপস্বী) চৈতন্যের সন্ন্যাস গ্রহণের অব্যবহিত পরে অর্থাৎ ষোড়শ শতাব্দীর প্রথমার্দ্ধে বর্ত্তমান ছিলেন। সে হিসাবে চণ্ডীবরের পুত্র পৃথ্বীধরের অন্ততঃ ১৫৫০ খৃষ্টাব্দে বর্ত্তমান থাকা সম্পূর্ণ সম্ভব। পৃথ্বীধর ও ভুবনেশ্বর সমকালীন ব্যক্তি। অতএব দেখা যাইতেছে খৃষ্টাব্দের ষোড়শ শতাব্দীর মধ্যভাগে ভুবনেশ্বর ব্রহ্মচারী বর্ত্তমান ছিলেন। ষোড়শ শতাব্দীর মধ্যভাগে জনসমাজে তাহা ইতিপূর্ব্বে দেখান হইয়াছে এবং তাহা না হইলে কালীঘাট হইতে অন্যূন ৫০ ক্রোশ দূরবর্তী বর্দ্ধমান জেলার অন্তর্গত দামুন্যা গ্রামবাসী কবিকঙ্কণ মুকুন্দরাম চক্রবর্ত্তীর দ্বারা উক্ত সময়ের কিছু পরে লিখিত গ্রন্থে কালীঘাটের ও তন্নিকটস্থ গ্রাম সমূহের ধারাবাহিক উল্লেখ কিরূপে সম্ভবিতে পারে?

কথিত আছে ভুবনেশ্বরের শিষ্য যশোহরের কায়স্থ রাজা বসন্তরায় কালীর পর্ণকুটিরের প³¹রিবর্তে একটী ক্ষুদ্র মন্দির প্রথম নির্ম্মাণ

করাইয়া দেন। তাহার পর বর্তমান বড় মন্দির হইয়াছে। বসন্তরায় কর্তৃক কালীর ক্ষুদ্র মন্দির প্রথম নির্মাণের বিষয়ে অন্য কোন বিশেষ প্রমাণ পাওয়া যায় না। পাইবারও উপায় নাই। তবে কালীঘাট এ সময় যশোহরের অধিকারভুক্ত ছিল। আর ভারতচন্দ্রের অন্নদা মঙ্গল পাঠে জানিতে পারা যায় যে যশোহরের কায়স্থ রাজগণ শাক্ত ছিলেন। বসন্তরায় প্রতাপাদিত্যের পিতৃব্য, আকবর বাদসাহের সমকালীন ব্যক্তি, খৃষ্টের ষোড়শ শতাব্দীর শেষার্দ্ধে বর্তমান ছিলেন। এ সময় কালীঘাটের অবস্থা অতি সামান্য ছিল। কালীর ক্ষুদ্র মন্দির ব্যতীত এখানে আর কোন ইষ্টক নির্ম্মিত গৃহ ছিল না। চতুষ্পার্শ্ব বেত্র কুচুই প্রভৃতি লতা গুল্মাদি পরিবৃত ছিল। স্থানে স্থানে দু একটা পর্ণ কুটীর মাত্র

---

[31] এই পাঁচজন বল্লাল সেনের নিকট হইতে কৌলিন্য মর্য্যাদা পান ✶ চব্বিশ বৎসর শেষ ষেই মাঘ মাস ।

বহুরূপ, শুচ, অরবিন্দ, হলায়ুষ, বাঙ্গাল— ইহারা কাশ্যপ গোত্রের চট্টবংশীয়। ইঁহারা এক বংশোদ্ভূত নহেন।

চব্বিশ বৎসর শেষ যেই মাঘ মাস।তার শুক্লপক্ষে প্রভু করিলা সন্ন্যাস ॥
চৈতন্যচরিতামৃত। মধ্যমখণ্ড । ১ পরিচ্ছেদ।

শ্রীকৃষ্ণ চৈতন্য নবদ্বীপে অবতরী। অষ্টচল্লিশ বৎসর প্রকট বিহারী ।
চৌদ্দশত সাত শকে জন্মের প্রমাণ ।চৌদ্দশত পঞ্চান্নে হইলা অন্তর্ধান !
ঐ আদি লীলা। ১৩ পরিচ্ছেদ।

ছিল। ব্রহ্মচারীর শিষ্যাদি হইতে প্রাপ্ত অর্থ ও ভূমির উৎপন্ন ফল মূল ও শস্যাদি ব্যতীত আর অন্য কোন আয় কিছুই ছিল না। এই ষোড়শ শতাব্দীতে কালীঘাট কিঞ্চিৎ পরিমাণে সমৃদ্ধিশালী থাকিলে বোধ হয় ইহা বিখ্যাত হিন্দুধর্ম্মদ্বেষী কালাপাহাড়ের * কুদৃষ্টি এড়াইতে পারিত না।

ভুবনেশ্বর কালীদেবীর মন্দির মধ্যে কতকগুলি শালগ্রাম শিলা সংগৃহীত রাখিয়া ছিলেন। সে সকল অদ্যাবধি কালীর মন্দির মধ্যে সংরক্ষিত আছে। ভূবনেশ্বর শক্তিমন্ত্রোপাসক হইলেও তান্ত্রিক কাপালিকদিগের মত বিষ্ণুদ্বেষী ছিলেন না দেখা যাইতেছে।

ভূবনেশ্বরের ঐ কন্যা ও জামাতা ব্যতিরেকে অন্য পুত্র সন্তানাদি ছিল না, বিশেষতঃ কালীঘাটের আয় দিন দিন বৃদ্ধি পাইতেছিল এজন্য ভবানীদাস কালীঘাটে বাস করার সঙ্কল্প করিয়াছিলেন। কালীঘাটে ভবানীর রাঘবেন্দ্র নামে এক পুত্র হয় ও পূর্ব্ব পরিণীতা স্ত্রীর গর্ভে দুই পুত্র জন্মে যাদবেন্দ্র ও রাজেন্দ্র। ভূবনেশ্বরের লোকান্তর প্রাপ্তি হইলে ভবানীদাস শ্বশুরের স্থানে কালীর সেবাইত ও অধিকারী হয়েন। এই সময়ে বাঙ্গালার শাসনকর্ত্তা রাজা মানসিংহ, বাদসাহ জাহাঙ্গীরের আদেশানুসারে এদেশে বিদ্রোহ দমন করিতে আসিয়া যশোহরের রাজা প্রতাপাদিত্যকে বন্দী করিয়া লইয়া যান (১৬০৬)। এই গোলযোগের সময় ভবানীদাসের পুত্রগণ, আত্মীয় ও জ্ঞাতিগণ কর্তৃক উৎপীড়িত হইয়া জন্মভূমি পরিত্যাগ করিতে বাধ্য হয়েন।

পিতা কালীর সেবাইত ও তথাকার দেবত্তর সম্পত্তির অধিকারী হইয়াছেন দেখিয়া যাদবেন্দ্র পৈতৃক আবাস খন্নিয়ান পরিত্যাগ করিয়া কালীঘাটের উত্তরে অদূরে তদানীন্তন গোবিন্দপুর গ্রামে আসিয়া বাস করেন। বৈমাত্রেয় ভ্রাতার সহিত অপ্রণয় ঘটা সহজ এ বিবেচনায় যাদবেন্দ্র কালীঘাটে না গিয়া গোবিন্দপুরে বাস করিলেন। [32]ভবানীদাসের অপর পুত্র রাজেন্দ্রের কোন অনুসন্ধান পাওয়া যায় না। গোবিন্দপুরে যাদবেন্দ্রের রামকৃষ্ণ নামে একপুত্র জন্মে। এবং কালীঘাটে রাঘবেন্দ্রের চারি পুত্র হয়–রামগোপাল, রামগোবিন্দ, রামনারায়ণ ও রামশরণ।

সপ্তদশ শতাব্দীর প্রথমভাগে এই গোবিন্দপুর ও তাহার কিঞ্চিৎ উত্তরে সুতানটী (বর্তমান হাটখোলা) দক্ষিণ বাঙ্গালায় বাণিজ্য ব্যবসায়ের প্রধান স্থান হইয়া উঠে। গোবিন্দপুরে শেঠ বসাক প্রভৃতি ধনাঢ্য বণিক সম্প্রদায়ীদিগের বাস ছিল। তাঁহারা সাতগাঁ ও অন্যান্য স্থানের বণিকদিগের সহিত ব্যবসাদি চালাইতেন। এই বণিক সম্প্রদায়ীরা সকলেই বিষ্ণু উপাসক ছিলেন। ইহাদের ভক্তি

---

[32] ★বঙ্গাধিপতি সুলেমান কররাণীর প্রধান সেনাপতি কালাপাহাড় প্রথমে ব্রাহ্মণ ছিলেন পরে বঙ্গীয় মুসলমান রাজবংশীয়া কোন রমণীর প্রণয়ে পড়িয়া মুসলমান ধর্ম্ম গ্রহণ করেন এবং পরিশেষে হিন্দু দেবদেবীর পরম শত্রু হইয়া উঠেন । ১৫৬৭ খৃষ্টাৰে কালাপাহাড় উড়িষ্যার জগন্নাথ দেবের মন্দির ভগ্ন করেন ও মূর্তি পোড়াইয়া দেন।পরে   গৌড়ে প্রত্যাবর্তন করিয়া পুনরায় অন্য তীর্থ আক্রমণ উদ্দেশে বহির্গত হইলে পথিমধ্যে তাহার মৃত্যু হয়।

ও যত্নে যাদবেন্দ্র গোবিন্দপুরে বাস করিয়া খনিয়ানের জ্ঞাতিগণের দুর্ব্যবহার এক প্রকার বিস্মৃত হইয়াছিলেন। পরিশেষে রাঘবেন্দ্রের পুত্রগণের মধ্যে রামগোবিন্দ ও রামশরণ প্রতিবেশী শূন্য কালীঘাট হইতে আসিয়া বহু জনাকীর্ণ গোবিন্দপুরে পিতৃব্য পুত্র রামকৃষ্ণের নিকট গিয়া বাস করেন।

ভবানীদাসের পর হইতে কালীঘাটে গুরুপরম্পরায় কালীর সেবাইত নিযুক্ত হওয়ার প্রথার রহিত হওয়া দেখা যায় । এক সেবাইতের স্থানে পাঁচ সেবাইত হইল। ভবানীদাসের পাঁচ পৌত্রই কালীর সেবাইত থাকিলেন। জ্যেষ্ঠানুক্রমে পালানুসারে কালীর সেবার দিন নিরূপিত হইল এবং দেবত্তর সম্পত্তি পাঁচ জনে অংশ করিয়া লইলেন।

খৃষ্টের সপ্তদশ শতাব্দীর শেষভাগে কালীর সেবার পালা ও দেবত্তর সম্পত্তির অংশ হয়। ক্রমে বংশবৃদ্ধি সহকারে এই সেবার পালা উত্তরাধিকারিত্ব ক্রমে চলিতে লাগিল। এই সময় হইতে কালীর নিত্য পূজাদির জন্য একজন স্বতন্ত্র পুরোহিত নিযুক্ত হইল। সেবাইত ভবানীদাসের পৌত্রগণের সময় হইতে অধিকারীগণ দ্বারা কালীর নিত্য পূজাদি বন্ধ হইল। স্বতন্ত্র ব্যক্তি যাজক পদে অধিষ্ঠিত হইলেন। ভবানীদাসের পৌত্রেরা কেবল অধিকারী রহিলেন। যাহার যে দিন সেবার পালা পড়ে তিনি সেই দিনের পূজাদির ও পুরোহিতের দক্ষিণা প্রভৃতির ব্যয় নির্ব্বাহ করিতে

লাগিলেন। পরিশেষে, কালীর এই পৌরহিত্য কার্য্যও বংশ পরম্পরায় উত্তরাধিকারীত্বক্রমে হইতে লাগিল।

সেবার পালা এইরূপ বিভাগের কয়েক বৎসর পরে অর্থাৎ ১৭০০ খৃষ্টাব্দে ইংরাজ ইষ্টইণ্ডিয়া কোম্পানী, বাদসাহ আরাঙ্গজীবের পৌত্র সুবাদার আজিমের নিকট হইতে ১৬,০০০ টাকায় সুতানটী, কালীকোটা ও গোবিন্দপুর এই গ্রামত্রয় ক্রয় করেন। ইহার দুএক ব³³ৎসর পরে ইংরাজ কোম্পানী কলিকাতার উইলিয়ম দুর্গের বহির্ভিত্তি সুদৃঢ়রূপে প্রস্তুত করিবার অভিপ্রায়ে গোবিন্দপুর হইতে অধিবাসীদিগের বাসস্থান উঠাইয়া দেন। এজন্য রামগোবিন্দ কালীঘাটের নিজ উত্তর সীমায় বর্তমান চড়কডাঙ্গার সন্নিকটে আসিয়া বাস করেন। তাঁহার বংশীয়েরা অদ্যাপি তথায় বাস করিতেছেন। রামকৃষ্ঞ ও রামশরণ কালীঘাটে গিয়া বাস করিলেন। ভবানীদাসের এই পাঁচ পৌত্রগণের বংশীয়েরা ও তাঁহাদিগের দৌহিত্রগণ এখন কালীর বর্তমান সেবাইত ও অধিকারী ∗।

ভবানীদাসের বংশীয়দের এক্ষণকার উপাধি হালদার। পূর্ব্বে উহাদের চক্রবর্ত্তী উপাধি ছিল। ভবানীদাসের অধস্তন পঞ্চম পুরুষ পর্য্যন্ত উহাদের চক্রবর্ত্তী উপাধি থাকা দেখা যায়। এরূপ শুনা যায় যে নবাব আলিবর্দি খাঁ বাঙ্গালার শাসন কর্তৃত্ব পাইয়া উহাদিগকে হালদার উপাধি প্রদান করেন। ইতিহাস পাঠে অবগত

---

³³ ∗ পরিশিষ্ট খ দেখ ।

হওয়া যায় যে সরফরাজ খাঁ বাঙ্গালার শাসন কর্তৃত্ব পদ প্রাপ্ত হইয়া হিন্দু কর্মচারীদিগের অবমাননা ও প্রজাদিগের উপর অত্যাচার আরম্ভ করেন। ইহাতে জগৎশেঠ, আলমচাঁদ প্রভৃতি কয়েকজন প্রধান প্রধান ব্যক্তি দিল্লী হইতে আলিবর্দি খাঁর বাঙ্গালার সুবাদারী পদে নিয়োগপত্র জোগাড় করেন। আলিবর্দি হিন্দুদিগের বিশেষ সাহায্যে ১৭৪৪ খৃষ্টাব্দে সরফরাজকে নিহত করিয়া বাঙ্গালার শাসন কর্তৃত্ব পদ প্রাপ্ত হন বলিয়া হিন্দুদিগের সন্তোষার্থ ও নিজে হিন্দুধর্ম্মের অপকারী নন ইহা দেখাইবার জন্য সমরেশ্বরী কালীদেবীর সেবাইত পাণ্ডাদিগকে হালদার উপাধি প্রদান করেন। তদবধি উহারা হালদার বলিয়া প্রসিদ্ধ আছেন। ধরিতে গেলে হালদার শব্দ সৈনিক পদবাচ্য উহা "হাবিলদার" শব্দের অপভ্রংশ মাত্র।

ভবানীদাস হইতে ৭ম পুরুষ গৌরীকান্তের কালীর সেবার পালা সম্বন্ধে ১৭৮৬ খৃষ্টাব্দের পূর্ব্বে মুরসিদাবাদে ও তৎপরে কলিকাতায় ইংরাজদিগের নিকট যে মকদ্দমা হয় তাহার কাগজ পত্রে গৌরীকান্তকে হালদার বলিয়া লেখা আছে*। প্রসিদ্ধ সাবর্ণি ভূম্যধিকারী সন্তোষ রায়চৌধুরী মহাশয় কর্তৃক ১৭৫১ খৃঃ অব্দে ভূমি দানের যে তায়দাদ ঐ পাওয়া যায় তাহাতে দানগৃহীতা কালীর জনৈক সেবাইতের নাম গোকুলচন্দ্র হালদার বলিয়া লেখা

আছে। এই গোকুল হালদার ভবানীদাস হইতে অধস্তন ৬ষ্ঠ পুরুষ। অতএর ১৭৫১ খৃষ্টাব্দের পূর্ব্বে ইঁহারা হালদার উপাধি প্রাপ্ত হইয়াছিলেন নিঃসন্দেহে প্রতিপন্ন হইতেছে।

নবম অধ্যায়

বড়িষার সাবর্ণি চৌধুরী জমীদার।

এরূপ প্রবাদ আছে যে বড়িষার সাবর্ণি চৌধুরী গোষ্ঠী বাঙ্গালার দক্ষিণ অংশের জমীদারী প্রাপ্ত হইয়া কালীঘাটের কালীমূর্তির আবিস্কার করেন। সুতরাং কোন সময় হইতে উক্ত চৌধুরী গোষ্ঠী এতদঞ্চলের জমীদারী প্রাপ্ত হয়েন একবার দেখা আবশ্যক।

১০৩২ খৃষ্টাব্দে গৌড়ের আদিসূর নৃপতি কান্যকুব্জ হইতে যে পঞ্চ গোত্রীয় পাঁচ জন [34]বেদ পারগ ব্রাহ্মণ বঙ্গদেশে আনয়ন করেন তন্মধ্যে সাবর্ণি গোত্রধারী দেবগর্ভ একজন। ইনি রাজার নিকট

বটগ্রাম প্রাপ্ত হয়েন। বটগ্রাম কোন্ স্থানে ছিল এক্ষণে তাহার কিছুই অনুসন্ধান পাওয়া যায় না। পরে কান্যকুজাগত পাঁচজন ব্রাহ্মণের ৫৬টী পুত্র জন্মে। আদিসুরের উত্তরাধিকারী ক্ষিতিসুর নৃপতি এই ৫৬ জনকে ৫৬টা গ্রাম প্রদান করেন। তদবধি রাঢ়ীয় ব্রাহ্মণগণ প্রাপ্ত গ্রামের নামানুসারে অমুক গাঁই বলিয়া প্রসিদ্ধ হইলেন। বেদ গর্ভের ১২ জন পুত্রের মধ্যে হল নামা পুত্র গঙ্গ গ্রাম প্রাপ্ত হন বলিয়া হলের সন্তান সন্ততিরা গঙ্গোপাধ্যায় বলিয়া বিখ্যাত হইলেন।

হলের অধস্তন চতুর্দশ পুরুষে কামদেব গঙ্গোপাধ্যায়ের উদ্ভব দেখা যায়। কামদেবের পূর্ব্বপুরুষেরা বল্লালের সময় কৌলীন্য মর্য্যাদা প্রাপ্ত হয়েন নাই। সেই কৌলীন্য মর্য্যাদার সমীকরণ কালে কামদেবের পিতৃ পুরুষেরা শ্রোত্রীয় সংজ্ঞা প্রাপ্ত হয়েন।

কামদেব গঙ্গোপাধ্যায় সর্ব্বদা শাস্ত্রাধ্যয়ন ও ধর্ম্ম চর্চ্চায় তৎপর থাকিতেন এজন্য সাধারণ লোকে তাঁহাকে কামদেব ব্রহ্মচারী বলিত। কামদেব গৃহত্যাগ করিয়া তীর্থে তীর্থে ভ্রমণ করিয়া বেড়াইতে সর্ব্বদা বাসনা করিতেন। কিন্তু নানা কারণে তাঁহার সে বাসনা তখন সফল হয় নাই। কামদেবের স্ত্রী, একটী দুগ্ধপোষ্য শিশু সন্তান লক্ষ্মীকান্তকে রাখিয়া মানব লীলা সম্বরণ করিলে কামদেবের সংসারে বৈরাগ্যের বৃদ্ধি হইল। কিন্তু শিশু সন্তানটীর মায়ায় মুগ্ধ হইয়া সহসা সংসার পরিত্যাগ করিতে সক্ষম হইতে পারেন নাই। এরূপ কিংবদন্তী আছে যে একদা

ঘরে বসিয়া কামদেব চিন্তা করিতেছেন এমত সময় দৈবাৎ ঘরের কড়িকাষ্ঠ হইতে একটী যেঠীর ডিম্ব তাঁহার সম্মুখে পড়িয়া ভাঙ্গিয়া গেল। ডিম হইতে ছোট ছানা বাহির হইল কিন্তু এক প্রকার শ্বেতবর্ণ লালে আবৃত থাকায় ছানাটীর নড়িবার সামর্থ ছিল না। ইত্যবসরে একটী মাছি আসিয়া ঐ লাল খাইয়া ফেলায় ছানাটী বাহির হইয়াই ঐ মাছিটা ধরিয়া খাইল। কামদেবের চটক ভাঙ্গিল। নড়িতে অসক্ত সদ্যোজাত যেঠীর ছানার মাছি আহার প্রাপ্তি দেখিয়া কামদেব ভাবিলেন যে, যে ঈশ্বর নিঃসহায় যেঠীর ছানার রক্ষা করিলেন তিনি অবশ্য আমার লক্ষ্মীকান্তকেও রক্ষা করিবেন। এই ভাবিয়া কামদেব ব্রহ্মচারী তৎক্ষণাৎ গৃহ হইতে বহির্গত হইলেন এবং চিরকালের জন্য জন্মভূমি ও শিশু সন্তানটীকে পরিত্যাগ করিয়া চলিলেন। লক্ষ্মীকান্ত বয়ঃপ্রাপ্ত হইয়া যশোহরের প্রসিদ্ধ কায়স্থ রাজাদিগের সরকারে কর্ম্মচারী নিযুক্ত হন। পারসিক ভাষা ভালরূপ শিখিয়া ছিলেন বলিয়া তিনি যশোহরের রাজা প্রতাপাদিত্য কর্তৃক দিল্লীর মোগল সম্রাট সমীপে দৌত্যকার্য্যে প্রেরিত হয়েন। বাদসাহ লক্ষ্মীকান্তের বিদ্যা বুদ্ধির পরিচয় পাইয়া তাঁহাকে মজুমদার উপাধি প্রদান করিয়া রাজস্ব আদায়ের জনৈক কর্ম্মচারী নিযুক্ত করেন।

এদিকে কামদেব ভারতের নানা তীর্থ পর্য্যটনানন্তর বৃন্দাবন অভিমুখে গমনকালীন পথে রাজা মানসিংহের সাক্ষাৎ লাভ করেন এবং তাঁহা কর্তৃক বিশেষ সমাদৃত হন। এই সময় ১৬০৬ খৃষ্টাব্দে

রাজা মানসিংহ বাঙ্গালায় বিদ্রোহ দমন করিতে আসিবার জন্য সম্রাট জাহাঙ্গীরের আজ্ঞা প্রাপ্ত হন। মানসিংহের বাঙ্গালায় যাত্রা কালে কামদেব পূর্ব্ব পরিত্যক্ত শিশু লক্ষ্মীকান্তের অনুসন্ধান করিতে মানসিংহকে অনুরোধ করেন।

মানসিংহ কর্তৃক যশোহরের প্রতাপাদিত্যের উচ্ছেদ হইলে কামদেবের অনুরোধ ক্রমে রাজা মানসিংহ বাদসাহ জাহাঙ্গীরের নিকট হইতে লক্ষ্মীকান্ত মজুমদারকে মাগুরা, খাষপুর, কলিকাতা, পৈকান, ও আনোয়ারপুর এই পাঁচটী পরগণার ও হেতেগড় পরগণার কিয়দংশের জাইগীর সনন্দ আনাইয়া দেন। সনন্দ পাইলেও লক্ষ্মীকান্ত এই সকল পরগণা সম্পূর্ণ রূপে অধীনে আনিতে সক্ষম হয়েন নাই। হুগলী জেলার উত্তরাংশে গোহট্ট গোপালপুরে লক্ষ্মীকান্তের পৈতৃক বাসস্থান ঐ গ্রামে লক্ষ্মীকান্তের পরিখাবেষ্ঠিত বাসস্থানের ধ্বংসাবশেষ অদ্যাপি দৃষ্ট হইয়া থাকে। লক্ষ্মীকান্ত, পুত্র গৌরহরি মজুমদারকে জাইগীরের উত্তরাধিকারী রাখিয়া অন্যূন অশিতি বৎসর বয়ক্রম কালে পরলোক গমন করেন।

গৌরহরি ও তাহার পুত্র শ্রীমন্ত, সম্রাট প্রদত্ত তাবৎ পরগণা সকল সম্পূর্ণ রূপে আয়ত্তাধীনে আনিতে সক্ষম হয়েন নাই গৌরহরি প্রাপ্ত জাইগীরের রাজস্ব আদায়ের সুবিধার জন্য গোপালপুর হইতে বর্ত্তমান দমদমার নিকট নিমতা বিরাটী গ্রামে বাসস্থান নির্ম্মাণ করেন।

বাঙ্গালার শাসনকর্তা মুরসিদকুলীখাঁর সময় ১৭২২ খৃষ্টাব্দে রাজস্বের নূতন বন্দোবস্ত হয়। মুরসিদকুলি সমস্ত বঙ্গভূমি ১৩ চাকলা ও ১৬৬০ পরগণায় বিভক্ত করেন। প্রত্যেক চাকলার রাজস্ব আদায়ের জন্য এক এক কর্ম্মচারী নিযুক্ত হয়। চাকলার কর্মচারীরা প্রজাদিগের নিকট রাজস্ব সংগ্রহ করিতেন। সুবাদার চাকলার কর্ম্মচারী দিগের নিকট বাৎসরিক টাকা আদায় করিতেন। এই সময় শ্রীমন্তের পুত্র ও লক্ষ্মীকান্তের প্রপৌত্র কেশব চন্দ্র মজুমদার বাঙ্গালার দক্ষিণ চাকলার রাজস্ব আদায়ের কর্মচারী (জমীদার) ছিলেন ও রায়চৌধুরী উপাধি প্রাপ্ত হন। ইহার কিছু পূর্ব্বে অর্থাৎ ১৭০০ খৃষ্টাব্দে আরাঙ্গজীবের পৌত্র সুলতান আজিম ওসমানের বাঙ্গালা শাসন সময়ে [35]ইংরাজেরা সুতানটী, কলিকাতা ও গোবিন্দপুর, * এই গ্রামত্রয় সুবাদারের নিকট হইতে ১৬,০০০ হাজার টাকায় ক্রয় করেন। এই গ্রামত্রয়ের জন্য ইংরাজ কোম্পানীকে নবাব সরকারে বাৎসরিক খাজানা দিতে হইত। এসময় কলিকাতা ও গোবিন্দপুর স্থানে স্থানে পঙ্কিল নিম্ন জলাভূমি পরিবৃত বাসের অনুপযুক্ত ছিল। যে স্থানে বর্তমান জেনেরেল পোষ্ট আপিস রহিয়াছে ঐ স্থানে তখন ইংরাজ দিগের সৈনিক বারাক ছিল। উহারই মধ্যে পরে অন্ধকূপ হত্যা নামক ভীষণ

---

[35] *সুতানটী—বর্তমান কলিকাতার অন্তর্গত হাটখোলা ও পোস্তা । গোবিন্দপুর— বর্তমান ফোর্ট উইলিয়ম দুর্গের নিজ দক্ষিণ এখন গড়ের মাঠ)

ব্যাপার সংঘটিত হয়। চাঁদপাল ঘাটের কিছু দক্ষিণে মুসলমান নবাবদিগের হাওয়া খানা ছিল। গোবিন্দপুর ও কলিকাতার স্থানে স্থানে শেঠ বসাক প্রভৃতি ব্যবসায়ী লোকের বাস ছিল। সুতানটী গ্রাম তখন সমধিক জনাকীর্ণ ও ব্যবসা বাণিজ্যের প্রধান স্থান। এখানে ও গোবিন্দপুরে ইংরাজ বণিকদিগের কুঠি ছিল। এই গ্রামত্রয় ক্রয় করিবার দুএক বৎসর পরেই ইংরাজেরা ফোর্টউইলিয়ম দূর্গ রীতিমত করিয়া নির্মাণের অভিপ্রায়ে গোবিন্দপুর হইতে লোকজনের বাস উঠাইয়া দেন। এজন্য এ সময় এখানকার প্রজারা উঠিয়া গিয়া অনতিদূরে ভবানীপুর ও কালীঘাটের স্থানে স্থানে বাস আরম্ভ করিয়াছিল। কালীর সেবাইত ভবানীদাসের পৌত্রেরা এই সময় গোবিন্দপুর হইতে উঠিয়া গিয়া কালীঘাটে বাস করেন ইহা পূর্ব্ব অধ্যায়ে বলা হইয়াছে।

(*সুতানটী–বর্ত্তমান কলিকাতার অন্তর্গত হাটখোলা ও পোস্তা। গোবিন্দপুর–বর্ত্তমান ফোর্ট উইলিয়ম দুর্গের নিজ দক্ষিণ এখন গড়ের মাঠ)।

কেশব রায়ের জমীদারীর মধ্যে ৩টা গ্রাম ইংরাজদিগের হস্তগত হওয়াতে দক্ষিণ অঞ্চলের জমীদারীর তত্ত্বাবধারণ করার পক্ষে কেশবের বড় অসুবিধা বোধ হইতে লাগিল। এদিকে আবার ১৭১৬ খৃষ্টাব্দে হামিল্টন নামক জনৈক ইংরাজ চিকিৎসক, বাদসাহ ফেরাহের পীড়া আরোগ্য করাতে কলিকাতার নিকটবর্ত্তী ৩৮টী

মৌজা ক্রয় করিবার জন্য ইংরাজ কোম্পানীর নামে সনন্দ প্রাপ্ত হন। ইংরাজেরা এই সনন্দ প্রাপ্ত হইলে মুরসিদকুলি ক্ষুব্ধ হইলেন এবং কলিকাতার সমীপস্থ পরগণার জমীদারগণকে (রাজস্ব আদায়ের কর্মচারীদিগকে) ইংরাজদিগকে জমী বিক্রয় করিতে নিষেধ করেন। কেশবরায় দেখিলেন আপন জমীদারীর মধ্যস্থলে না থাকিলে সকল দিক বজায় থাকে না। এজন্য তিনি নিমতা বিরাটী হইতে আসিয়া কালীঘাটের প্রায় ৩ ক্রোশ দক্ষিণ পশ্চিমে ভাগীরথীর অপর পারে বড়িষা গ্রামে আসিয়া বাস করিলেন। অতএব দেখা যাইতেছে যে ১৭১৬ খৃষ্টাব্দের পর হইতে সাবর্ণি রায় চৌধুরী জমীদারদিগের বড়িষায় বাস হইয়াছে।

কেশব রায়ের ছয় পুত্রের মধ্যে চতুর্থ শিবদেব অত্যন্ত বলিষ্ঠ ও দান শীল ছিলেন। এজন্য সকলে তাঁহাকে বড় ভালবাসিত। প্রার্থীগণ শিবদেবের নিকট উপস্থিত হইলে আশাতীত প্রার্থনা পূরণ হেতু সন্তোষ লাভ করিয়া চলিয়া যাইত। এজন্য সকলে শিবদেব রায়কে "সন্তোষ" বলিয়া ডাকিত। শিবদেব "সন্তোষরায়" নামে এমত বিখ্যাত হইয়াছিলেন যে সন্তোষ রায় নাম না বলিলে তাঁহাকে কেহ চিনিতে পারিত না। জমীদারীর কাগজ পত্রেও সন্তোষ রায় নাম দেখিতে পাওয়া যায়। কেশব রায়ের পর তাঁহার চতুর্থ পুত্র সন্তোষরায়ই রাজস্ব আদায়ের "তত্ত্বাবধারণ করিতেন।

১৭৪১ খৃষ্টাব্দে এদেশে বর্গির হাঙ্গামা উপস্থিত হয়। মারহাট্টাদিগের বাঙ্গালা আক্রমণ ও লুঠনাদিকে লোকে বর্গির হাঙ্গামা কহে। মারহাট্টারা দলে দলে আসিয়া দেশ লুঠনাদি করিয়া কালীঘাটে কালীর পূজা দিয়া যাইবার বিষয়ে অনেক জনরব শুনিতে পাওয়া যায়। এই সময় ইংরাজেরা মারহাট্টাদিগের আক্রমণ হইতে আপনাদের কুঠি রক্ষার জন্য গোবিন্দপুরের দক্ষিণ সীমায় এক খাল কাটিতে আরম্ভ করেন। উহাকে মারহাট্টা খাল (Marhatta Ditch) কহে। ঐ মারহাট্টা খাত ∗ পরিশেষে কলিকাতা রাজধানীর দক্ষিণসীমা নিরূপিত হয়।

মারহাট্টাদিগের বারম্বার আক্রমণে এ দেশের কৃষি কার্য্যের এরূপ বিঘ্ন ঘটিয়া ছিল যে জমীদারেরা প্রজা গণের নিকট রীতিমত রাজস্ব আদায় করিতে পারিতেন না। পরিশেষে অনন্যোপায় দেখিয়া আলিবর্দি খাঁ মারহাট্টাদিগকে চৌথ দিতে অঙ্গীকার করেন। এই উপলক্ষে আলিবর্দি সম্ভ্রান্ত জমীদারদিগের উপর অত্যধিক টাকা দাওয়া করিতে লাগিলেন।[36] টাকা দিতে অসম্মত হওয়াতে

---

[36] ∗ মারহাট্টা খাত ভবানীপুরের উত্তর ও কলিকাতার গড়ের মাটের দক্ষিণ সীমার মধ্যে বহুতা ছিল। জোয়ায়ের সময় উহার জল ঐ খাত ছাড়াইয়া ভবানীপুরের রাজপথ প্লাবিত করিত বলিয়া সম্প্রতি মিউনিসিপালিটি হইতে উহা বুজাইয়া দেওয়া হইয়াছে। ঐ খাত এখন জলনিকাশী পয়ঃপ্রণালী হইয়াছে।

∗এই সময় কৃষ্ণনগরের জমীদার মহারাজ কৃষ্ণচন্দ্রকে আলিবদ্দি এই বর্গীর হাঙ্গামা উপলক্ষে ১২ লক্ষ টাকার জন্য কারারুদ্ধ করেন ।

অনেককে আলিবর্দ্দি কারারুদ্ধ করেন।* এই বর্গীর হাঙ্গামার সময় আলিবর্দ্দি, সন্তোষরায়ের উপর অত্যধিক রাজস্ব দাওয়া করেন। সন্তোষরায় টাকা দিতে অসম্মত হওয়ায় আলিবর্দ্দি তাঁহাকে রাজধানী মুরসিদাবাদে রুদ্ধ করিয়া রাখেন। সন্তোষরায় যেমন বলবান ছিলেন তেমনই অধিক আহার করিতে পারিতেন। কয়েক মাস মুরসিদাবাদে রুদ্ধ থাকাতে তাঁহার আহারের বড় কষ্ট হইয়াছিল।

একদিন নবাবের ছাগরক্ষকদিগের নিকট হইতে বলপূর্ব্বক একটী ছাগল কাড়িয়া লইয়া সন্তোষরায় পরিতোষ পূর্ব্বক ছাগমাংসে উদর পূর্ণ করেন। এই বিষয় নবাবের কর্ণগোচর হইলে নবাব সন্তোষরায়কে সম্মুখে ডাকাইলেন। সন্তোষ একা একটী ছাগ অক্লেশে আহার ও জীর্ণ করিয়াছেন শুনিয়া নবাব চমৎকৃত হইলেন। এবং তদ্বিষয় প্রত্যক্ষের জন্য সে দিন তদ্রূপ আর একটী ছাগ সন্তোষকে আহার করিতে বলিলেন। সন্তোষ সচ্ছন্দে তাহা জীর্ণ করিলেন দেখিয়া নবাব যৎপরোনাস্তি সন্তুষ্ট হইলেন এবং বুঝিলেন এব্যক্তি সমস্ত রাজস্ব আহার বিষয়েই ব্যয় করিয়াছে অতএব ইহার কাছে টাকা আদায়ের কোন প্রত্যাশা নাই।

(ভারত চন্দ্র রায়ের অন্নদা মঙ্গলে গ্রন্থ সূচনা দেখ)

নবাব সন্তোষরায়কে ছাড়িয়া দিলেন এবং ডায়মণ্ডহারবারের সন্নিকট "আবজাখালী" গ্রামটী সন্তোষের খোরাকীর গ্রাম বলিয়া ব্রহ্মত্তর করিয়া দিলেন। আবজাখালী গ্রাম অদ্যাবধি সন্তোষরায়ের উত্তরাধিকারীগণের অধিকারে আছে।

সন্তোষরায় মুরসিদাবাদ হইতে প্রত্যাগমন করিয়া অতি সমারোহে কালীঘাটে পূজাদি প্রদান করেন। এবং কালীঘাটের তদানীন্তন সেবাইতগণের মধ্যে অনেককে ও অপরাপর ব্রাহ্মণগণকে বিস্তর দেবত্তর ও ব্রহ্মত্তর দান করেন। সন ১২০৯ সালের অর্থাৎ ১৮০২।৩ খৃষ্টাব্দের দাখিলী ভূমির তায়দাদে ∗ দেখা যায় যে ১১৫৭ সালে অর্থাৎ ইং ১৭৫১ খৃষ্টাব্দে মনোহর ঘোষাল ও কালীঘাটের তদানীন্তন জনৈক সেবাইত [37]গোকুলচন্দ্র হালদার এবং অপরাপর অনেককে সন্তোষরায়, আপন জমীদারীর নানাস্থানে বিস্তর ভূমি দান করিয়াছিলেন। সন্তোষরায় শাক্ত ছিলেন। তিনি বড়িষার নিকট ও আপন জমীদারীর মধ্যে নানা স্থানে শিবমন্দির ও কালীমূর্ত্তি প্রতিষ্ঠা করেন। সে সকল অদ্যাবধি বর্ত্তমান আছে। এ সকল দেব সেবার জন্য সন্তোষ রায় বহু দেবত্তর দান করিয়া গিয়াছেন। কথিত আছে মুরসিদাবাদ হইতে প্রত্যাগমন করিয়া জীবদ্দশায় সন্তোষরায় লক্ষ বিঘা দেবত্তর ও ব্রহ্মত্তর ব্রাহ্মণগণকে

---

[37] ∗পরিশিষ্ট ঘ দেখ।

দান করিয়া সন্তোষ নামের সার্থকতা দেখাইয়া গিয়াছেন। সন্তোষরায় দত্ত ভূমি লইয়া এখনও অনেকে জীবনযাত্রা নির্ব্বাহ করিতেছেন।

১৭৬৫ অব্দে ইংরাজ কোম্পানী এতদ্দেশের দেওয়ানী প্রাপ্ত হন। দেওয়ানী লাভের পূর্ব্বে জমীদারদিগের সহিত নবাবের যেরূপ নিয়ম সংস্থাপন ছিল তদনুসারেই কার্য্য চলিতে লাগিল। এই সময়ে পৈতৃক জমীদারী লইয়া কেশব রায়ের পুত্রগণের মধ্যে বিবাদ উপস্থিত হয়। পরে ১৭৭৮ সালের ২৮শে আগষ্ট তারিখে কমিটী বোর্ডের সেক্রেটরি কর্তৃক ফয়সালা মতে পাঁচ ভ্রাতায় কেশব রায়ের জমীদারী অংশ করিয়া লইলেন। মোট জমীদারীর জন্য লবণের শুল্ক ব্যতীত ৭৭,২৭৭দ৩/১০॥• টাকা ইংরাজ গবর্ণমেন্টকে বাৎসরিক রাজস্ব দিবে স্থির হইল। পরে ১৭৮৯ অব্দে জমীদারদিগের সহিত ইংরাজ গবর্ণমেন্টর যে দশ বৎসরের জন্য দশশালা বন্দোবস্ত হয় তাহার চিঠায় সন্তোষরায়ের নাম দেখিতে পাওয়া যায়। পরে এই বন্দোবস্ত ১৭৯৩ অব্দে চিরস্থায়ী হইয়া গেল। এই ১৭৯৩ সালের কায়েম বন্দোবস্তের কয়েক বৎসর পরে সন্তোষ রায়ের মৃত্যু হয়।

২৪ পরগণায় সন্তোষরায়ের অসীম প্রভুত্ব ছিল। শুদ্ধ জমীদার বলিয়া নহে। সন্তোষরায় তদানীন্তন দক্ষিণ প্রদেশের সমাজ অধিপতি ছিলেন। শেষ অবস্থায় সন্তোষরায় কালীঘাটের কালীর

বর্ত্তমান বড় মন্দির নির্ম্মাণের সূত্রপাত করিয়া যান। সন্তোষ রায়ের মৃত্যুর প্রায় ৫।৬ বৎসর পরে ১৮০৯ খৃষ্টাব্দে কালীর বড় মন্দিরের নির্ম্মাণ কার্য্য শেষ হয়। যেরূপে মন্দির প্রস্তুত হয় তাহা ইহার পর অধ্যায়ে লিখিত হইবে।

বড়িষার সারণি চৌধুরী জমীদার দিগের বংশীয়েরা অদ্যাবধি উক্ত গ্রামে বাস ও ভূসম্পত্তির উপস্বত্ব ভোগ করিতেছেন।

দশম অধ্যায়

কালীর দেবত্তর সম্পত্তি – (১) ভূমি

কালীর মন্দিরের চতুষ্পার্শ্বে ৫৯৫।৪।৩/০ বিঘা ভূমি কালীর দেবত্তর ভূমি বলিয়া প্রসিদ্ধ। পঞ্চান্ন গ্রামের খাষপুর পরগণার অন্তর্গত ৬ সংখ্যক গ্রাণ্ড ডিবিজনের ই, এফ, এম; পি, কিউ চিহ্নিত সবডিবিজনে এই সমস্ত দেবত্তর ভূমি অদ্যাবধি দেখা যাইতেছে। এই দেবত্তর ভূমি দান বিষয়ে অনেক মতামত প্রচলিত আছে। অনেকের মতে * ঐ দেবত্তর বড়িষা সাবর্ণি চৌধুরী কেশব রায় বা তৎপুত্র সন্তোষ রায় কর্তৃক কালীর সেবার জন্য প্রদত্ত হইয়াছে।অপর জনরব এই যে প্রাচীন হিন্দু ক্ষত্রিয় রাজারা বহু

পূর্ব্বে উক্ত ভূমি দান করিয়া গিয়াছেন। এই উভয় বিরুদ্ধ মতের কোনটীরই কোন নিদর্শন পাওয়া যায় না।

সাবর্ণি চৌধুরীদিগের দত্ত ভূমির তায়দাদে (পরিশিষ্টে দেখ) কালীঘাট গ্রামের দেবত্তর ভূমির উল্লেখ দেখা যায় না। উক্ত তায়দাদের লিখিত ভূমি কালীঘাটের বাহিরে অন্যান্য গ্রামের ও ভিন্ন ভিন্ন পরগণার অন্তর্গত। এই তায়দাদে দেখা যায় যে কালীর সেবাইত ব্যতীত [38]অন্যান্য বহুতর লোককে দেবত্তর ব্রহ্মত্তর লাখেরাজ দান করা হইয়াছে। এবং সে সকল দান ভিন্ন ভিন্ন গ্রামে, একটাও কালীর গ্রামের মধ্যে নহে। কালীঘাট গ্রামের দেবত্তর, সাবর্ণি চৌধুরী মহাশয় দিগের প্রদত্ত হইলে অবশ্য কোন না কোন তায়দাদে প্রকাশ থাকিত। ঐ তায়দাদ দৃষ্টে ইহা অবশ্য স্বীকার করিতে হয় যে সাবর্ণি চৌধুরী সন্তোষরায় মহাশয় আপন জমীদারীর অন্তর্গত অন্যান্য গ্রামের ভূমি কালীর সেবার জন্য দান করিয়াছেন। সন্তোষরায়ের উক্ত ভূমি দানের সময় কালীঘাট গ্রাম দেবত্তর রূপে বর্ত্তমান না থাকিলে দেবত্তর দানের চিঠায় অগ্রে কালীঘাটের জমির দান লিখিত হইত। কালীর পুরীর নিকটের জমি অধিকারে থাকিতে দূরে কালীর দেবত্তর দান কখনই সম্ভবিত নহে। ইহাতে বোধ হয় সন্তোষরায় কর্তৃক দেবত্তর দানের পূর্ব্বে কালাঘাটের ভূমি কালীর সেবাইতগণ

---

[38] এই পুস্তকের সপ্তম অধ্যায় দেখ।

দেবত্তররূপে পাইয়া ছিলেন। সন্তোষরায়ের পিতা কেশবরায় কর্তৃক এরূপ কোন দেবত্তর দানের উল্লেখ পাওয়া যায় না।

পূর্ব্ব অধ্যায়ে দেখান হইয়াছে যে জমীদার কেশবচন্দ্র রায় চৌধুরী ১৭১৬ খৃষ্টাব্দের পর নিমতা বিরাটী হইতে আসিয়া বড়িষায় বাস করেন। এই সময় কলিকাতার সন্নিহিত গ্রাম সমূহ স্থানে স্থানে জঙ্গলময় ছিল। এবং মধ্যে মধ্যে লোকজনের বাস ছিল। ১৭০০ খৃষ্টাব্দের পর ইংরাজেরা গোবিন্দপুর হইতে অধিবাসীদিগের বাস উঠাইয়া দিলে অধিবাসীরা ভবানীপুর ও কালীঘাট প্রভৃতি অদূরবর্ত্তী গ্রামে গিয়া বাস করেন। তখনও এ সকল স্থানে ব্যাঘ্রাদির ভয় ছিল। ইহার অন্যূন ৫০ বৎসর পরে ওয়ারেন হেষ্টিংস আলিপুরের হেষ্টিংস্ হাউসের সন্নিকটে ব্যাস্ত্র শীকার করিতেন শুনিতে পাওয়া যায়।

গোবিন্দপুর হইতে উঠিয়া আসিয়া কালীঘাটে ও উহার উত্তর প্রান্তে চড়কডাঙ্গায় বাসস্থান নির্ম্মাণ করিবার পর কালীর সেবাইত ভবানী দাসের পৌত্রগণ বল্লালীমতে কুলক্রিয়া আরম্ভ করেন। সুতরাং ভাগিনেয় বা দৌহিত্র দিগকে দেবত্তর কালীঘাটের ভূমি বাস করিবার জন্য প্রদান করিয়াছিলেন। এই সময়কে কালীঘাট ও ভবানীপুর গ্রাম সংস্থাপনের সূত্রপাত বলা যাইতে পারে। কালীর সেবাইত গণের যত্নে কালীঘাটে কুলীন ব্রাহ্মণগণের প্রথম বাস হইয়াছিল। পরে ইংরাজেরা কলিকাতায় রাজধানী স্থাপন করিলে কালীঘাট ক্রমশ জনাকীর্ণ হইয়া উঠে। অতএব দেখা

যায় যে বড়িষার সাবর্ণি জমীদার দিগের প্রাধান্যের পূর্ব্বে কালীঘাট গ্রাম কালীর সেবাইতগণের হস্তগত হইয়া ছিল। তবে কি সূত্রে উহা কালীর সেবাইত গণ প্রাপ্ত হইয়াছিলেন তাহার কিছুই নিশ্চয় করা যায় না।

কালীঘাট গ্রাম ক্ষত্রিয় রাজা কর্ত্তৃক কালীর দেবত্তর স্বরূপে দান সম্বন্ধে কোন অনুশাসন পত্র দেখা যায় না। ক্ষত্রিয় রাজার দান স্বীকার করিলেও ভূমি গৃহীতার নাম পাওয়া যায় না। পূর্ব্বে কালীঘাট যখন অরণ্য গর্ভে ছিল এবং ভীষণ শাক্ত কাপালিকগণ যে সময় বনমধ্যে দেবীর পূজা করিত তখন যে কোন্ ক্ষত্রিয় রাজা তাহাদিগকে অরণ্য মধ্যে ভূমি চিহ্নিত করিয়া দেবত্তর দান করিতে আসিয়া ছিলেন এরূপ কখনই বোধ করা যাইতে পারে না। অশোক, শিলাদিত্য প্রভৃতি বৌদ্ধ রাজগণের দান ভারতে ইতিহাস বিখ্যাত। শিলাদিত্য প্রতি বৎসর প্রয়াগে ব্রাহ্মণদিগকে বহুতর অর্থ দান করিতেন। কিন্তু সে সময় দক্ষিণ বাঙ্গালার অরণ্যময় প্রদেশে তাঁহাদের দান সম্বন্ধে বিশেষ কোন বিবরণ দেখা যায় না। দেবপাল, ভীমপাল, মহীপাল প্রভৃতি বাঙ্গালার পালবংশীয় বৌদ্ধ নৃপতিগণের ব্রাহ্মণ দিগকে ভূমি দানের অনেক গুলি তাম্রলিপি ও অনুশাসন পত্র দেখিতে পাওয়া যায় বটে কিন্তু কালীঘাটের ভূমি দানের বিষয় কোনটীতে দেখা যায় না। সুরবংশীয় নৃপতিগণ বঙ্গদেশের ক্ষত্রিয় রাজা ছিলেন। আদিসুর কনোজের ক্ষত্রিয় রাজা বীরসিংহের জামাতা ইহা পূর্ব্বে উদ্ধৃত

লঘুভারতের শ্লোকে দেখা যাইতেছে। কালীঘাটের দেবত্তর যে ঐ আদিসুরের বংশীয়গণের প্রদত্ত তৎসম্বন্ধে কোন প্রমাণই পাওয়া যায় না।

বঙ্গদেশ মুসলমান দিগের অধিকৃত হইলেও খৃষ্টের ত্রয়োদশ শতাব্দীর শেষ ভাগ, পর্য্যন্ত পূর্ব্ব বাঙ্গালায় সুবর্ণ গ্রামে স্বাধীন হিন্দু রাজা ছিল। ✶39এ সময় লক্ষ্মণ সেনের বংশধরেরা দক্ষিণ ও পূর্ব্ব বাঙ্গালায় ১৩৩১ খৃষ্টাব্দ পর্য্যন্ত রাজত্ব করিয়া ছিলেন। সেন বংশীয় রাজারা যে শিব শক্তির উপাসক ছিলেন এ কথা একবার বলা হইয়াছে। তাঁহারাও দেবসেবা উদ্দেশ্যে অনেক দান করিয়া গিয়াছেন।

কিন্তু কালীঘাটের কালীর সেবার জন্য কোন ব্রাহ্মণকে কোন ভূমি দান করিয়া ছিলেন কি না বলা যায় না। খৃষ্টের ষোড়শ শতাব্দীর মধ্যভাগে যশোহরের কায়স্থ বংশীয় রাজা বসন্ত রায় দক্ষিণ বাঙ্গালায় সমধিক প্রভূত্ব লাভ করেন। ভুবনেশ্বর ব্রহ্মচারী কালীর সেবাইত থাকার সময় শাক্ত প্রধান বসন্ত রায় গুরু ভূবনেশ্বর ব্রহ্মচারীকে কালীঘাট গ্রাম দান করিয়া ছিলেন বলিয়া অনেকে অনুমান করিতে পারেন। কিন্তু সে অনুমান কতদূর প্রামাণিক

---

39 ✶ Statistical Account of Bengal by Dr. W. W. Hnnter Vol. V. p. 119.

বলা যায় না। আমরা সে সম্বন্ধে কোন দানপত্র দেখিতে পাই না।

১৫৮২ খৃষ্টাব্দে সম্রাট আকবর বাদসাহের সময় "ওয়াশিল তুমার জমা" নামে বাঙ্গালার রাজস্বের যে হিসাব প্রস্তুত হয় তাহাতে প্রজাদিগের সহিত রাজস্বের বন্দোবস্ত হইয়াছিল। কর্ম্মচারীরা প্রজাদিগের নিকট রাজস্ব আদায় করিয়া বাদসাহ সন্নিধানে পাঠাইয়া দিতেন।

এ সময় কালীঘাট গ্রামের জন্য কাহাকেও রাজস্ব আদায় করিতে দেখা যায় না। মুরসিদকুলির সময়ে ১৭২২ খৃষ্টাব্দে রাজস্বের তৃতীয় বার বন্দোবস্ত হয়। সে সময়ে কেশব রায় এতদঞ্চলের জমীদার ছিলেন ইহা পূর্ব্বে বলা হইয়াছে। এ সময়েও কালীঘাটের রাজস্ব আদায় করিতে কাহাকেও দেখা যায় না। কোম্পানীর দেওয়ানী প্রাপ্তির পর কালীঘাট না সাবর্ণিদিগের জমীদারী ভূক্ত ছিল, না ইংরাজদিগের ৫৫ গ্রামের অন্তর্গত ছিল। অথচ কালী'র সেবাইতগণ এ সময় ইচ্ছামত কালীঘাটের ভূমি কুলীন সন্তানদিগকে দান করিয়াছিলেন। সাবর্ণি জমীদারগণের তাহাতে হস্তক্ষেপ করেন নাই দেখা যায়। ইহাতে স্পষ্ট প্রতীত হইতেছে যে সাবর্ণি জমীদারগণের বড়িষা বাসের অর্থাৎ ১৭১৬ খৃষ্টাব্দের পূর্ব্বে কালীঘাটের ভূমি কালীর সেবাইতগণের করতলস্থ হইয়াছিল।

১৭৫৭ খৃষ্টাব্দের পলাসির যুদ্ধের পর হইতে ইংরাজ কোম্পানীর ক্ষমতা দিন দিন বৃদ্ধি পাইতে ছিল । ক্রমে সৈন্যসংক্রান্ত ও রাজ্য রক্ষা সম্বন্ধীয় ভার ইংরাজ কোম্পানীর হস্তে পড়িল, কর 40সংগ্রহ ও বিচার যেমন জমীদার দিগের দ্বারা সম্পন্ন হইতেছিল তেমনই রহিল। পরে ১৭৬৫ খৃঃ অব্দের ১২ই আগষ্ট তারিখে বার্ষিক ২৬ লক্ষ টাকা কর দিতে স্বীকৃত হইয়া ইংরাজ কোম্পানী বাঙ্গালা বেহার ও উড়িষ্যার দেওয়ানী প্রাপ্ত হইলে ★ রাজস্ব সম্বন্ধীয় বন্দোবস্ত করিবার ক্ষমতা কোম্পানীর হইল। কিন্তু দেওয়ানী লাভের পূর্ব্বে জমীদার দিগের সহিত নবাবের যেরূপ নিয়ম সংস্থাপন ছিল তদনুসারেই কার্য্য চলিতে লাগিল।

হুজুরিনল্ল নামে একজন পঞ্জাবী সেনানী ১৭৬৪ অব্দে বক্সারের যুদ্ধের সময় ইংরাজদিগের বিশেষ সাহায্য করেন। সেই সাহায্যের পুরস্কার স্বরূপ ১৭৬৯ অব্দে তদানীন্তন ইংরাজ গবর্ণর বেরেষ্ট সাহেব হুজুরিমল্লের মনোনীত + কালীঘাটস্থ কালীর দেবত্তর ভূমির মধ্য ১২ বিঘা জমী হুজুরিমলকে প্রদান করেন এবং সেই জমীর পরিবর্তে কালীঘাটের সন্নিকটে মুদিসাহানগরে ১২ বিঘা

---

40 ★এই দেওয়ানী প্রাপ্তির পর ইংরাজ কোম্পানী আপনাদের হিন্দু সৈনিকদিগকে কালীর পূজা দিবার জন্য ১০৮ টাকা দিয়াছিলেন।

+ হুজুরিমল কালীঘাটে গঙ্গার ঘাট ও শিব মন্দির সংস্থাপন করিবার অভিপ্রায়ে ঐরূপ পুরস্কার মনোনীত করেন। পুরস্কার প্রাপ্তির পর তিনি নিজব্যয়ে গঙ্গার ঘাট চাঁদনী ও শিবমন্দির প্রতিষ্ঠা করেন।

এওয়াজী জমী হালদারগণকে নিষ্কর করিয়া দেন। কালীঘাটের বাজার ও পুলিস এখন যে স্থানে আছে ঐ জমি হুজুরিমল্ল পাইয়া ছিলেন। ঐ জমি এখন আলিপুরের কালেক্টরের অধীন। ১৭৭২ অব্দে বাঙ্গালার ইংরাজ গবর্ণর ওয়ারেন হেষ্টিংস জমীদারদিগের সহিত খাজনার বন্দোবস্ত করেন। টেলর ও রিচার্ড সাহেব সমস্ত জমি জরিপ করিয়া নক্সা প্রস্তুত করেন। নক্সা প্রস্তুত হইলে জমীদারদিগের সহিত পাঁচ বৎসরের জন্য বন্দোবস্ত হইল। কালীঘাট এই ১৭৭২ সালের নক্সা ভুক্ত নাই। ইহাতে বোধ হয় কালীঘাট দেবত্তর ছিল বলিয়া রাজস্ব আদায়ের অন্তর্ভূত করা হয় নাই।

১৭৮৯ অব্দে লর্ড করণওয়ালিস রাজস্ব নির্দিষ্ট করিয়া জমীদারদিগের সহিত ১০ বৎসরের জন্য বন্দোবস্ত করেন। বাঙ্গালার দক্ষিণ প্রদেশের রাজস্ব বিষয়ে বড়িষার সন্তোষ রায় ও তাঁহার জ্যেষ্ঠ রঘুদেব রায়ের সহিত এই দশশালা বন্দোবস্ত হয়। পরে ১৭৯৩ অব্দে এই বন্দোবস্ত চিরস্থায়ী হইয়া গেল। জমীদারেরা নির্দিষ্ট খাজনা দিয়া অধিকৃত ভূমি পুরুষানুক্রমে ভোগ দখল করিতে পারিবেন এরূপ অব ধারিত হইল। এই ১৭৮৯ অব্দের বন্দোবস্তের চিঠায় কালীঘাট মৌজার রাজস্বের কোন উল্লেখ নাই। সুতরাং এই সময় উহা সন্তোষরায়ের জমীদারী কিম্বা ইংরাজদিগের কালেক্টর কাহারও অধীনে আসিল না। উহা পূর্ব্বাবধি যেরূপ ছিল সেইরূপই রহিয়া গেল। কালীঘাটের ভূমির

খাজানা না জমীদার পাইতেন, না ইংরাজ কালেক্টর আদায় করিতেন। কালীঘাটের ভূমির কোন করই রহিল না। এইরূপে কালীঘাট মৌজা অনেক দিন চলিয়া আসিতে ছিল। পরে ১৮৫৫ অব্দে মেজর আর স্মাইথ সাহেব কর্তৃক ২৪ পরগণা জরিপ হইবার পর, আলিপুরের ডেপুটী কালেক্টর বাবু গোবিন্দ প্রসাদ পণ্ডিতের সময় কালীঘাট ইংরাজদিগের পঞ্চান্ন গ্রামের অন্তর্গত বলিয়া করভূক্ত করিবার অভিপ্রায়ে ক্রোক করা হয়। পরে সমস্ত তদন্ত করিয়া কালেক্টর সাহেব আপন মন্তব্য প্রকাশ করিয়া এ বিষয়ের চুড়ান্ত নিষ্পত্তির জন্য গবর্ণমেণ্টে জানাইলেন। * ইহার অব্যবহিত পরে ১৮৫৭ অব্দে প্রসিদ্ধ সিপাহী বিদ্রোহ উপস্থিত হওয়াতে এবিষয়ের নিষ্পত্তি হইতে কাল বিলম্ব হয়। পরিশেষে সিপাহী বিদ্রোহের শান্তি হইলে পর ১৮৬১ সালে ইংরাজ গবর্ণমেণ্ট কালীঘাট মৌজা কর গ্রহণের শ্রেণী হইতে মুক্ত করিয়া দেন।

(২) কালীকুণ্ড হ্রদ ।

কালীর পুরীর ঠিক পূর্ব্বাংশে কালীকুণ্ড হ্রদ। ইহা এখন সামান্য পুষ্করিণীর মত দেখা যায়। ইহার বর্তমান আয়তন অন্যূন ১০ কাঠা হইবে। পূর্ব্বে ইহার আয়তন সমধিক বিস্তৃত ছিল। ইহার তীরে কালীমূর্ত্তি প্রথম প্রাপ্ত হওয়া যায়। এখন পর্যন্ত অনেকে কালীঘাটে আসিয়া গঙ্গা স্নান না করিয়া এই হ্রদে অবগাহন

করিয়া থাকেন।অতি পূর্ব্বে ইহা গঙ্গার অতলস্পর্শ দহ ছিল ক্রমে চর পড়িয়া গঙ্গার পূর্ব্ববতীরস্থ তল উন্নত হওয়াতে উহা হ্রদরূপে (Lagoon) পরিণত হইয়াছে। দহ গঙ্গার তল অপেক্ষা সমধিক গভীর এবং তথায় স্রোতের আধিক্য থাকা বশতঃ উহা পূর্ণ হইয়া উঠিতে পারে নাই। সুতরাং ঐ দহের পশ্চিমে গঙ্গার তল ক্রমশ সমুন্নত হইয়া উঠিলে গঙ্গার স্রোত ঐ স্থান হইতে সরিয়া গিয়া দক্ষিণাভিমুখে প্রবাহিত হইতে লাগিল এবং উহা একটা ক্ষুদ্র হ্রদরূপে পরিণত হইল। ইহা উড়িষ্যার চিলকা হ্রদের মত সমুদ্রসম্ভব। তবে চিল্কা কালীকুণ্ড হ্রদ অপেক্ষা অনেক বৃহৎ। গঙ্গার তীর হইতে এমন কি ৪।৫ শত হস্ত দূরে কালীঘাট বা তৎসন্নিহিত স্থানে কূপ খনন সময়ে সমুদ্রের তটস্থ সিকতাময় ভূমির মত স্তর স্তর মৃত্তিকা দেখিতে পাওয়া যায়। অন্যান্য স্থানের মত গলিত উদ্ভিদ্ জাত মৃত্তিকা দেখা যায় না। ইহাতে[41] সুচারু রূপে প্রতীয়মান হয় যে কালীঘাটস্থ গঙ্গার ঈষদ্দূরবর্তী স্থান সকল পূর্ব্বে গঙ্গার গর্ভে নিমগ্ন ছিল কালক্রমে স্তর পড়িয়া সমুন্নত ও মনুষ্যাদির বাস ভূমি হইয়াছে।

---

[41] +∗পরিশিষ্টে ডেপুটি কালেক্টরের ১৮৫৫ অব্দের ১৫ জানুয়ারি তারিখের ৪ নম্বর রিপোর্ট দেখ ।

+ পরিশিষ্টে কমিশনরের ১৮৬১।৬২ সালের ৮১ নং সেহা ও ১৮৬০ সালের ৩৬ নং রুবকারী দেখ ।

কালীর পুরী হইতে প্রায় দুই শত হস্ত পশ্চিমে এখন গঙ্গা প্রবাহিত রহিয়াছেন।

কালীর সেবাইত হালদারগণ কালীঘাটের আদিম পরিজ্ঞাত অধিবাসী। কিন্তু কালীর পুরীর পশ্চিমে উহাদের বাস দেখা যায় না। কালীকুণ্ডের দক্ষিণ ও পূর্ব্বদিকে হালদারগণের নির্ম্মিত প্রাচীন ইমারত দেখা যায়। ইহাতে অনুমান হয় যে হালদারগণের প্রথম বাসের সময় গঙ্গা কালীরপুরীর আরও নিকট দিয়া প্রবাহমান ছিল। কালীকুণ্ড হ্রদের পশ্চিমে গঙ্গার তীর পর্য্যন্ত সমুদয় স্থানের মধ্যে কোথাও অতি প্রাচীন বৃক্ষ দেখা যায় না। ঐ স্থান আবহমান কাল উচ্চ ভূমি থাকিলে উক্তস্থানে অন্ততঃ একটাও প্রাচীন অশ্বথ, বট বা অন্য কোন বৃক্ষ থাকিতে দেখা যাইত। কালীঘাট এখন সমুদ্রতল হইতে ১১ হস্ত উচ্চ হইয়াছে। কিন্তু এখনও অনেক স্থান বর্ষাকালে জোয়ারের সময় গঙ্গার জলমগ্ন হয়।

এইরূপে উৎপন্ন হ্রদের জল স্বভাবতই বিস্বাদ হইয়া থাকে। কালীকুণ্ড হ্রদও সে নিয়মের বহির্ভূত নহে। এখন ইহার জল সমুদ্রের জলের মত অতিশয় লোণা না হউক, অপরিস্কার ও বিস্বাদ। ইহার জলের এইরূপ অবস্থা পরিবর্তনের জন্য দুইবার ইহার পঙ্কোদ্ধার করিবার চেষ্টা করা হয়। ১৮৭১ অব্দে কালীর সেবাইত অধিকারিগণ আপনাদের মধ্যে চাঁদা করিয়া ইহার সামান্য সংস্কার করেন। পরে ১৮৮৭ অব্দে আলিপুরের মিউনিসিপালিটী হইতে ইহার পঙ্কোদ্ধার করা হয়। কিন্তু ইহার সমুদয় জল

অনেক চেষ্টা করিয়াও একেবারে, সেচন করিয়া উঠিতে পারে নাই। ইহা সুগভীর ও গঙ্গার নিকটবর্ত্তী হওয়ায় জল সেচন করিলেও ক্ষণমধ্যে আবার জলে পরিপূর্ণ হইয়া উঠে। যে কালীর দর্শনাভিলাষে প্রত্যহ কালীঘাটে নানা দেশ হইতে অসংখ্য লোকজনের সমাগম হইয়া থাকে, যে কালীর জন্য অরণ্যময় কালীঘাট বহুজনাকীর্ণ সম্পদশালী নগরী মধ্যে পরিগণিত হইয়াছে, যে মূর্তির প্রসাদে বহু শত লোকের সচ্ছন্দে জীবনযাত্রা নির্ব্বাহ হইতেছে এবং যে কালীদেবীর নাম হইতে সমগ্র ভারতের রাজধানীর অভিধেয় হইয়াছে, সেই কালীমূর্তি স্মরণাতীত কাল পূর্ব্বে এই কুণ্ডের তীরে বিরাজমানা ছিলেন।

(৩) কালীর মন্দির

কালীমূর্ত্তি প্রকাশের পর প্রথম কোন্ সময় ও কাহা দ্বারা কালীর বাসস্থান নির্ম্মিত হইয়াছিল জানিতে পারা যায় না। ভূবনেশ্বরের সময় অর্থাৎ ষোড়শ শতাব্দীর মধ্যভাগে কালীর একটী ছোট মন্দির মাত্র ছিল। অনেকে অনুমান করেন যশোহরের রাজা বসন্তরায়ের যত্নে উহা নির্ম্মিত হইয়াছিল। কিন্তু ইহার বিশেষ কোন প্রমাণ পাওয়া যায় না। ঐ ছোট মন্দিরের পূর্ব্বে, কালীমূর্ত্তি সামান্য পর্ণ কুটীর মধ্যে ছিল।

সপ্তম অধ্যায়ে লিখিত কালীমূর্ত্তি প্রকাশের বিষয়ে তৃতীয় উপন্যাসে দেখা যায় যে কেশবরায় কালীর ইমারত প্রস্তুত করাইয়া দেন।

এবং তাহার পুত্র সন্তোষরায় ঐ ইমারতের স্থানে ছোট মন্দির নির্মাণ করাইয়া দেন। পরে উহা ভগ্ন হওয়ায় রাজীবলোচন রায় (সন্তোষরায়ের ভ্রাতুষ্পুত্র) আলিপুরের তদানীন্তন কালেক্টর মাঃ ইলিয়ট সাহেবের অনুমতি ক্রমে বর্তমান বড় মন্দির প্রস্তুত করাইয়া দেন। এ কথা আমরা প্রামাণিক বলিয়া ধরিতে পারি না। সন্তোষরায়ের সময় যে মন্দির নির্ম্মিত হইল তাহার ভ্রাতুষ্পুত্রের সময় সেই মন্দির এমত ভগ্ন হইল যে নূতন মন্দির নির্মাণের আবশ্যক হইল। এ কথা সম্পূর্ণ যুক্তি বিরুদ্ধ। ৩।৪ শত বৎসরের পুরাতন সামান্য সামান্য মন্দির অদ্যাপি বঙ্গদেশের নানা স্থানে বিদ্যমান রহিয়াছে। যাহা হউক বর্তমান বড় মন্দিরের পূর্ব্বে ঐ স্থানে যে ছোট মন্দির ছিল তাহা সন্তোষরায় বা তাঁহার পিতা কেশবরায়ের বহুপূর্ব্বে নির্ম্মিত হইয়াছিল সন্দেহ নাই। প্রসিদ্ধ হুজুরিমল্ল কালীঘাটে আপন কীর্ত্তি রাখিবার জন্য অন্য পুরস্কার না লইয়া কালীঘাটে ভূমি প্রার্থনা করেন এবং তথায় অন্যূন ১৭৭০ অব্দে বহু অর্থ ব্যয় করিয়া গঙ্গার ঘাট ও চাঁদনি এবং কয়েকটী শিব মন্দির নির্মাণ করেন। হুজুরিমল্লের সময় যদি কালীর কোন মন্দির না থাকিত অথবা কালী ভগ্ন মন্দিরে থাকিতেন তাহা হইলে তিনি কালীর মন্দির নির্ম্মাণ না করাইয়া গঙ্গার ঘাট ও অন্যান্য শিব মন্দির কখনই প্রস্তুত করাইতেন না। ইহাতে স্পষ্ট দেখা যাইতেছে যে হুজুরিমল্লের পূর্ব্বে অর্থাৎ ১৭৭০ অব্দের পূর্ব্বে কালীর কোনরূপ মন্দির অবশ্যই বর্তমান

ছিল তাহার সংশয় নাই। পরে তাহার পরিবর্ত্তে সন্তোষরায় বড় মন্দির প্রস্তুত করিবার অভিপ্রায় প্রকাশ করেন। আবার ১৭২৩ খৃষ্টাব্দে মুরসিদাবাদের জনৈক কাননগু কালীঘাটে আসিয়া শ্যামরায়কে কালীর মন্দিরে রাখিতে দেখিয়া তিনি নিজব্যয়ে শ্যামরায়ের পৃথক ঘর করিয়া দেন। ১৭২৩ অব্দে কেশব রায় বিদ্যমান ছিলেন ইহা পূর্ব্বে দেখান হইয়াছে। অতএব কেশব রায়ের পূর্ব্বে কালীর ঐ মন্দির হইয়াছিল তাহা অসম্ভব নহে। কালীর পুরী উত্তর দক্ষিণে লম্বমান সমান্তরাল ক্ষেত্রের মত। ইহার তোরণদ্বার পুরীর পশ্চিমে গঙ্গার দিকে। পুরীটী সমুদয়ে ১।।১৩/০ বিঘা ইহার মধ্যে আট কাঠা ভূমির উপর বর্ত্তমান মন্দির। ইহার তলস্থ ভূমি সমুদ্রতল হইতে অন্যূন ১০ হস্ত উচ্চ। ভূমি হইতে ইহার চূড়া অন্যূন ৬০ হস্ত উচ্চ ইহার মধ্যের পরিসর প্রায় ৫০ হাত। ইহা নির্ম্মাণ করিতে প্রায় ৭।৮ বৎসর লাগে এবং ৩০ হাজার টাকারও অধিক ব্যয় হয়। ১৮০৯ সালে ইহার নির্ম্মাণ কার্য্য শেষ হয়। পুরাতন ছোট মন্দিরের স্থানে বর্ত্তমান বড়মন্দিরটী প্রস্তুত হইবার নিম্নলিখিত হেতু শ্রুত হওয়া যায়।

পূর্ব্বে বলা হইয়াছে যে সন্তোষ রায় কলিকাতা ও তাহার দক্ষিণ অঞ্চলের সমাজপতি ছিলেন। তাঁহার সময় কলিকাতার হাটখোলার প্রধান ধনাঢ্য বাবু কালিপ্রসাদ দত্ত কোন সামাজিক ক্রিয়া উপলক্ষে দক্ষিণ সমাজের ব্রাহ্মণগণকে আহ্বান করেন।

সন্তোষরায়, বড়িষা, সরসুনা, কালীঘাট প্রভৃতি গ্রামের ব্রাহ্মণগণকে উক্ত কালীপ্রসাদ দত্তের বাটীতে সভাস্থ হইতে অনুমতি প্রদান করেন। এই কারণ ব্রাহ্মণগণের সম্মান ও বিদায় জন্য কালীপ্রসাদ দত্ত ২৫ হাজার টাকা সমাজপতির নিকট পাঠাইয়া দেন। পূর্ব্বে বলা হইয়াছে সাবর্ণি রায় চৌধুরি জমীদারেরা শাক্ত ছিলেন। বিশেষ এই সময় অনতিদূরে কলিকাতা রাজধানীর উন্নতির সঙ্গে সঙ্গেই কালীঘাটে যাত্রী সংখ্যা বৃদ্ধি হইতে লাগিল।

কিন্তু দেবীর তদুপযুক্ত মন্দির ছিল না। বহুকালের পুরাতন যে ছোট মন্দির ছিল তাহা ক্রমশঃ জীর্ণ হইয়া যাইতে ছিল। কালীপ্রসাদ দত্ত প্রদত্ত টাকা সামাজিক ব্রাহ্মণগণকে বিভাগ করিয়া না দিয়া সন্তোষরায় সমাজস্থ ব্রাহ্মণগণের অভিমতে সেই টাকায় কালীর পুরাতন ছোট মন্দির ভাঙ্গিয়া বড় করিয়া মন্দির নির্মাণের অভিপ্রায় প্রকাশ করেন। কিন্তু দুঃখের বিষয় এই সন্তোষরায় মন্দির নির্ম্মাণ কার্য্য শেষ হওয়া দেখিয়া যাইতে পারেন নাই। সন্তোষরায়ের মৃত্যুর পর তাঁহার পুত্র রাম নাথ রায় ও ভ্রাতুষ্পুত্র রাজিব লোচন রায়ের যত্নে ১৮০৯ খৃষ্টাব্দে বর্তমান বড় মন্দিরের নির্মাণ কার্য্য শেষ হয়।

(৪) কালী মূর্ত্তি- অলঙ্কারাদি

পূর্ব্বে বলা হইয়াছে কালীর মুখমণ্ডল মাত্র প্রথমে কালীকুণ্ড হ্রদের তীরে পাওয়া যায়। ইহা মনুষ্যের কৃত নহে পুরাণাদি শাস্ত্রে ইহা ব্রহ্মার স্থাপিত বলিয়া উক্ত হইয়াছে। কালীর এই মুখমণ্ডল জনসমাজে প্রকাশিত হইবার পর উহা ঐ কালীকুণ্ডের পশ্চিম পারে স্মরণাতীত কাল হইতে বিদ্যমান রহিয়াছে। মন্দির মধ্যে এখন কেবল কালীর প্রাপ্ত মুখ মণ্ডল প্রতিষ্ঠিত আছে এমত নহে উহা এখন স্বর্ণাদি নির্ম্মিত বহুমূল্যের অলঙ্কারাদিতে পরিশোভিত হইয়াছে। এই সকল অলঙ্কারাদি বহুতর ধনাঢ্য লোকের প্রদত্ত। অপর কেহ উহা অপেক্ষা উৎকৃষ্ট অলঙ্কারাদি প্রদান করিলে পূর্ব্বেরটী খুলিয়া ফেলিয়া নূতনটী কালীর অঙ্গে সাজাইয়া দেওয়া হয় এবং পূর্ব্বের অলঙ্কার যে সেবাইতের যজমানের প্রদত্ত তাহারই প্রাপ্য হয়। প্রথমে খিদিরপুর নিবাসী স্বর্গীয় দেওয়ান গোকুলচন্দ্র ঘোষাল মহাশয় কালীর চারিটী রৌপ্যময় হস্ত নির্ম্মাণ করাইয়া দেন। কলিকাতার প্রসিদ্ধ বাবু কালীচরণ মল্লিক মহাশয় বর্ত্তমান চারিটী স্বর্ণ নির্ম্মিত হস্ত প্রদান করিয়াছেন। চারি হস্তের চারি গাছী সুবর্ণ কঙ্কণ চড়কডাঙ্গা নিবাসী কালীমোহন বন্দ্যোপাধ্যায়ের পিতামহ ৺ রামজয় বন্দ্যোপাধ্যায় মহাশয় প্রদান করেন। ·কলিকাতার বেলিয়াঘাটার রাম নারায়ণ সরকার নামক জনৈক ধনাঢ্য চাউল ব্যবসায়ী কালীর সুবর্ণ খচিত মুকুটটী প্রদান

করিয়াছেন। দেবীর হস্তস্থিত অসুরের মুণ্ড অপর ধনাঢ্য ব্যক্তি দ্বারা প্রদত্ত হইয়াছে। কালীর স্বর্ণজিহ্বাটী পাইক পাড়াধিপতি রাজা ইন্দ্র চন্দ্র সিংহ বাহাদুর দ্বারা প্রদত্ত হইয়াছে। কালীর মস্তকোপরি সুশোভিত রৌপ্যময় ছত্রটী নেপালের প্রধান সৈন্যাধ্যক্ষ স্বর্গীয় যঙ্গ বাহাদুর প্রদান করেন। এইরূপে স্বর্ণনির্ম্মিত ভ্রূত্রয় এবং অন্যান্য স্বর্ণাভরণ ভিন্ন ভিন্ন সময়ে ভিন্ন ভিন্ন লোক কর্তৃক প্রদত্ত হইয়াছে। ১৮৭৮ খৃষ্টাব্দে কালীর অপরাপর অঙ্গ শোভনীয় অলঙ্কার অপহৃত হয়। আবার ধনাঢ্য হিন্দুরা তৎসমুদয় পুরণ করিয়া দিয়াছেন।

মন্দির মধ্যে উপর্যুপরি প্রস্তর সাজাইয়া তদুপরি ব্রহ্মার নির্ম্মিত দেবীর মুখমণ্ডল সংস্থাপিত করা হইয়াছে এবং তাহাতে অসি মুণ্ডাদি ধৃত হস্ত চতুষ্টয় সংযোজিত হইয়াছে। এরূপ জনশ্রুতি যে ঐ বস্ত্রাবৃত প্রস্তর গুলির মধ্যে কালীঘাটে নিপতিত সতী অঙ্গ অতি যত্নে রক্ষিত আছে। যে স্থানে দেবীর মূর্তি সংস্থাপিত আছে তাহার নিম্নদেশ দিয়া মন্দির হইতে কালীকুণ্ডের তল পর্যন্ত একটা কূপ আছে। কালীর চরণামৃত ভূমধ্য দিয়া ঐ কুণ্ডে পতিত হয়।

(৫) নিত্য পূজা – আয় ব্যয়

কালীর প্রাত্যহিক পূজা পূর্ব্বে কিরূপ নিয়মে সম্পাদিত হইত তাহা জানিবার কোন উপায় নাই। যখন কালীপীঠ কাপালিক

প্রভৃতি ঘোর তান্ত্রিকগণের হস্তে ছিল তখন তাহারা রাজসিক বা তামসিক নিয়মে কালীর পূজাদি করিত। পশু ও নরবলিও হইত এরূপ শুনা যায়। বর্ত্তমান সেবাইত হালদারদিগের পূর্ব্ব পুরুষ ভবানীদাসের সময় পর্য্যন্ত সেবাইতগণ স্বয়ং দেবীর পূজাদি সম্পন্ন করিতেন। ভবানীদাস বিষ্ণুমন্ত্রে দীক্ষিত ছিলেন। তিনি নিরামিষ নৈবেদ্যাদি সহকারে জপ হোমাদি দ্বারা কালীর নিত্য পূজা সমাধা করিতেন। প্রাত্যহিক ভোগের জন্য তিনি পশু বলি দিতেন না। কেবল মাত্র দুর্গোৎসবের নবমীর দিন একটা মাত্র পশু বলি দিতেন। কালীর বর্ত্তমান অধিকারিগণের মধ্যেও এই নিয়ম চলিয়া আসিতেছে। এক্ষণে সমাগত যাত্রিগণের প্রদত্ত পশু বলি দ্বারা কালীর নিত্য ভোগ সম্পাদিত হয়। প্রতিদিন যে ছাগটী প্রথম বলি হয় তাহা কালীর ভোগের জন্য গৃহীত হইয়া থাকে। হালদারগণ স্বয়ং পশু বলি প্রদান করেন না। তবে তাঁহাদের মধ্যে কেহ কেহ মাতামহ কুলের প্রথা আর কেহ কেহবা পৈত্রিক প্রথানুসারে চলিয়া থাকেন।

ভবানীদাসের পর তাঁহার পৌত্রগণের সময় হইতে স্বতন্ত্র পুরোহিত দ্বারা দেবীর নিত্য পূজা সম্পাদিত হইয়া আসিতেছে। এই নিত্য পূজার ব্যয় অধিকারিগণ পালাক্রমে প্রদান করেন। অর্থাৎ যে দিন যাহার সেবার পালা পড়ে তিনি সেই দিনের পূজাদির ব্যয় নির্ব্বাহ করেন। ভবানীদাসের পৌত্রগণের সময় নিত্য পূজাদির

ব্যয় যেরূপ নির্দ্ধারিত ছিল এখনও সেইরূপ চলিয়া আসিতেছে। সামিষ ভোগের জন্য পালাদারের কোন ব্যয় নাই কারণ তাহা যাত্রিগণ প্রদত্ত প্রথম বলি হইতে সম্পন্ন হইয়া থাকে। দেবীর নিত্য পূজার জন্য যেমন পুরোহিত নিযুক্ত হইয়াছে আবার বেশভূষার জন্য স্বতন্ত্র বেশকারগণ নিয়োজিত আছেন। ইহাদিগকে কালীর মিশ্র বলা হয় কোন সময় হইতে বেশকার মিশ্রগণ নিযুক্ত হইয়াছেন ঠিক করা যায় না। তবে ইহা বলা যাইতে পারে যে পূজার জন্য স্বতন্ত্র পুরোহিত নিযুক্তের সময় বা তাহার কিছু পর হইতে মিশ্রগণ নিযুক্ত হইয়াছেন। পুরোহিত ও বেশকার মিশ্রগণ অধিকারী হালদারগণের মত পুরুষ পরম্পরায় ঐ পদে উত্তরাধিকারী হইয়া আসিতেছেন। আরতির পর রাত্রে মন্দিরের দ্বার রুদ্ধ ও পুনরায় প্রাতে দ্বারোদঘাটন করার ভার মিশ্রগণের উপর আছে কিন্তু অধিকারীগণ এ সমস্তের উপর তত্ত্বাবধারণ করিয়া থাকেন।

যে যে বিষয়ে কালীর নিত্য আয় ও ব্যয় সঙ্কুলান হয় তাহার একটী তালিকা নিম্নে দেওয়া গেল।

| আয় | ব্যয় । |

১। দর্শনার্থী যাত্রিগণের   ১।নিত্যপূজার

নৈবেদ্যাদি

প্রদত্ত অর্থ। (কালী, নকুলেশ,   ২। পুরোহিতের শ্যামরায় ও মনসার প্রণামী
।   দক্ষিণা

২। যাত্রিগণ প্রদত্ত পূজার।   ৩। বেশকার মিশ্রগণের
                               দৈনিক দ্রব্যাদি

৩। পশু বলির দক্ষিণা । ∗। ৪। বাদ্যকর, ঘোড়েল (যে ঘণ্টা
                              বাজায়,) কর্ম্মকার প্রভৃতির
                              দৈনিক বেতন ।

৪। উৎসর্গীকৃত ছাগমুণ্ড ।

৫। অতিরিক্ত পূজা, প্রণামী,   ৫। মন্দির রক্ষক ৮জন
    উপহার ইত্যাদি।   প্রহরীর দৈনিক বেতন

৬। দেবত্তর ভূমির উপস্বত্ব ।   ৬। পাচক ও পুরী
                              সম্মার্জ্জকের দৈনিক বেতন

                            ৭। কালীর ও শ্যামরায়ের ভোগের
                                দ্রব্যাদি ও বৈকালী

42

---

42 ∗পশু বলির দক্ষিণা সকলের পক্ষে সমান নহে। সাধারণতঃ প্রতি ছাগ বলির
জন্য চারি আনা গৃহীত হয় । কিন্তু পুলিষের লোকের নিকট দুই আনা ও

নিত্য পূজাদির শেষে মধ্যাহ্নের পর সামিষ ভোগ নিবেদিত হইলে, সমাগত অতিথি সন্ন্যাসী প্রভৃতিরা প্রসাদ পাইয়া থাকেন। ভোগের পর মন্দিরের দ্বার রুদ্ধ হয়। পরে সন্ধ্যার সময় পুনরায় দ্বার খোলা হইলে আরতির পর বৈকালী নিবেদিত হইয়া থাকে। পালাদার প্রদত্ত নিত্য পূজাদি ব্যতীত যাত্রিগণ প্রদত্ত পূজা সমস্ত দিনই হইয়া থাকে। এতদ্ব্যতীত অনেকানেক ধনাঢ্য হিন্দু প্রত্যহ কালীর নিয়মিত পূজা প্রদান করিয়া থাকেন। তাঁহাদের অভিলাষ অনুসারে তাঁহাদের পূজা ও বলি সর্ব্ব প্রথমে সম্পাদিত হইতে কোন বাধা নাই। বড়িষার সাবর্ণি চৌধুরী জমীদারগণের অভ্যুদয় সময়ে তাঁহারা নিত্য কালীর পূজা পাঠাইতেন এবং তাহা সর্ব্বাগ্রে সম্পাদিত হইত। পাইকপাড়াধিপতি রাজা ইন্দ্রচন্দ্র সিংহ বাহাদুর এক্ষণে প্রত্যহ দেবীর পূজা দিয়া থাকেন। তিনি কালীর সামিষ ভোগের নিত্য ব্যয় নির্ব্বাহ করেন। তাঁহার প্রদত্ত বলির পশু সর্ব্বাগ্রে নিবেদিত হইয়া থাকে। কালীর প্রাত্যহিক পূজা অধিকারিগণ দ্বারা পালা ক্রমে নির্ব্বাহিত হইয়া থাকে। কিন্তু স্নানযাত্রা, দুর্গোৎসব ও শ্যামাপূজা অধিকারিগণের সাধারণ পূজা। সেই সকল পর্ব্ব দিনে যাহার পালা পড়ে, তিনি নিত্য পূজার

সৈনিক বিভাগের হিন্দু সিপাহীর নিকট এক আনা লওয়া হইয়া থাকে। প্রতি মহিষে এক টাকা গৃহীত হয়।

নিয়মানুসারে সেই সেই দিনের প্রাত্যহিক পূজার ব্যয় নির্ব্বাহ করেন। সাময়িক উৎসবের ব্যয় সমস্ত অধিকারিগণ চাঁদা করিয়া দেন এবং তদ্দ্বারা একত্রে উৎসব ক্রিয়া নির্ব্বাহিত হয়। সমস্ত অধিকারীর নামে সঙ্কল্প হইয়া পূজা সমাধা হয়।

কালীঘাটের সীমার মধ্যে কেহ কোন দেবী পূজা করিতে অভিলাষ করিলে কালীর নিকটেই সে সমুদয় করিতে হয়। কালীঘাটের সীমার মধ্যে অপর দেবী প্রতিমার গঠন করিয়া পূজা করার বিধি নাই।

বিগ্রহ শ্যামরায়

কালীর, মন্দিরের পশ্চিম দিকে শ্যামরায় বিগ্রহের অধিষ্ঠান মন্দির ও দোলমঞ্চ। কালীর সেবাইত হালদারগণের পূর্ব্ব পুরুষ ভবানীদাস বৈষ্ণব ছিলেন ইহা ইতিপূর্ব্বে উক্ত হইয়াছে। শ্যামরায় বিগ্রহকে তিনি কালীঘাটে সংস্থাপিত করেন। কালীঘাটে তখন কালীর একটা ছোট মন্দির মাত্র ছিল। শ্যামরায়কে উহার ভিতরেই অধিষ্ঠিত করা হয়।পরে ১৭২৩ খৃষ্টাব্দে মুরসিদাবাদের জনেক কাননগু কালীঘাটে আসিয়া শ্যামরায়কে কালীর মন্দিরে অধিষ্ঠিত দেখিয়া নিজ ব্যয়ে শ্যামরায়ের জন্য একটী ছোট ঘর প্রস্তুত করাইয়া দেন। ১৮৪৩ খৃষ্টাব্দে বাওয়ালীর জমীদারদিগের পূর্ব্বপুরুষ বৈষ্ণবপ্রধান স্বর্গীয় উদয় নারায়ণ মণ্ডল মহাশয়

শ্যামরায়ের ছোট ঘরটী ভাঙ্গিয়া তৎস্থানে বর্ত্তমান অধিষ্ঠান মন্দির নির্ম্মাণ করাইয়া দেন।

শ্যামরায়ের প্রাত্যহিক পূজাদি কালীর সেবাইত হালদারগণ কর্তৃক পালা ক্রমে সম্পাদিত হইয়া থাকে। নিয়মিত পূজা ও ভোগ ব্যতীত শ্যামরায়ের বৈকালী ভোগ হইয়া থাকে। শ্যামরায়ের নিত্য পূজার জন্য অপর একটি ব্রাহ্মণ নিযুক্ত আছেন। কালীর অধিকারী হালদারগণ তাহার উপর তত্ত্বাবধারণ করেন। যে দিন যাহার কালীর পালা পড়ে, সে দিনের শ্যামরায়ের নিকট যাত্রিগণ প্রদত্ত অর্থ তাঁহারই প্রাপ্য হয়। দোলযাত্রা শ্যামরায়ের একটি প্রধান উৎসব। প্রতি বৎসর রামনবমীর সময় উহা মহা সমারোহে সম্পাদিত হইয়া থাকে। পূর্ব্বে শ্যামরায়ের দোলমঞ্চ ছিল না। অধিষ্ঠান মন্দিরেই দোলযাত্রা পর্ব্ব সম্পাদিত হইত। ১৮৫৮ খৃষ্টাব্দে সাহানগর নিবাসী মদন কলে নামক এক ব্যক্তি শ্যামরায়ের দোলমঞ্চ প্রস্তুত করাইয়া দেন। পরে সময়ে সময়ে ভিন্ন ভিন্ন লোকে উহা মেরামত করাইয়া দিয়াছেন।

কালীর পুরীর বাহিরে এই শ্যামরায় বিগ্রহের মন্দিরের পশ্চিমে আর একটি শ্যামরায় বিগ্রহের অধিষ্ঠান মন্দির আছে এই বিগ্রহ বণিক সম্প্রদায়ী বৈষ্ণব প্রধান শেঠ ও বসাক দিগের প্রতিষ্ঠিত, গোবিন্দপুর গ্রামে ছিলেন। ইহার অপর নাম গোবিন্দরায়। এই বিগ্রহের নাম হইতে গোবিন্দপুর গ্রামের নাম হইয়াছিল। ১৭৭০ খৃষ্টাব্দে ইংরাজেরা ঐ গ্রাম ক্রয় করিয়া, অধিবাসিদিগকে তথা

হইতে উঠাইয়া দিলে ঐ বিগ্রহটি কালীঘাটে আনীত হয়। তাঁহার নিত্য সেবা ও দোলযাত্রাদি উৎসব অপর ব্রাহ্মণ কর্তৃক নির্ব্বাহিত হইয়া থাকে, যাত্রী প্রদত্ত পূজাদি তিনিই গ্রহণ করেন। কালীর সেবাইত হালদারগণের তাহাতে কোন অধিকার নাই। এতদ্ব্যতীত অন্যান্য অনেকানেক দেবতা কালীর পুরীর বাহিরে চতুর্দ্দিকে দেখিতে পাওয়া যায়। সে সকল ভিন্ন ভিন্ন লোক কর্তৃক উপার্জ্জনের নিমিত্ত সংস্থাপিত হইয়াছে। তাহাতে হালদারগণের কোন সংস্রব নাই।

একাদশ অধ্যায়
স্বয়ম্ভূ লিঙ্গ নকুলেশ্বর

শিব ও শক্তির পূজা যে এদেশে বহু কালাবধি প্রচলিত আছে তাহা এই পুস্তকের দ্বিতীয় অধ্যায়ে দেখান হইয়াছে। রামায়ণ, মহাভারত এবং পুরাণ ও তন্ত্রাদিতে শিব ও শক্তি মাহাত্ম্য বিশেষরূপ বর্ণিত আছে। খৃষ্টের অষ্টম শতাব্দীর শেষ ভাগে শ্রীমচ্ছঙ্করাচার্য্যের যত্নে শৈব মত বিশেষরূপে প্রচারিত হয়। অনেকানেক প্রাচীন রাজ বংশীয়দের প্রচলিত মুদ্রায় শিবের বৃষ ত্রিশূল প্রভৃতির প্রতিরূপ দেখিতে পাওয়া যায়। দাক্ষিণাত্যে ও

এতদ্দেশে শিবলিঙ্গ স্থাপিত বহুতর প্রাচীন মন্দির দেখিতে পাওয়া যায়। পৌরাণিক ধর্ম্ম প্রচারিত হইবার প্রথমেই শৈবধর্ম্ম ভারতবর্ষে পরিব্যাপ্ত হয়। উহা ভারতবর্ষের বাহিরে অন্যান্য অনেক দেশ পর্য্যন্ত পরিব্যাপ্ত হইয়াছিল। শৈবদিগের মধ্যে অধিকাংশ উদাসীন সম্প্রদায়ী। ইহাদিগকে সচরাচর সন্ন্যাসী বলিয়া থাকে। শিবের উপাসনার মধ্যে লিঙ্গ পূজাই সমধিক প্রবল। ভারতের নানা স্থানে শৈবদিগের মঠ আছে। নির্গুণ উপাসনা ও তত্ত্ব জ্ঞান প্রচারের উদ্দেশে ঐ সকল মঠ স্থাপিত হয়। কন্যাকুমারিকার নিকট শৃঙ্গগড় মঠ, বদরিকা আশ্রম, কেদার নাথ, বদরি নাথ, ও চট্টগ্রামের নিকট চন্দ্রনাথ প্রভৃতি সমধিক প্রসিদ্ধ। কালীঘাটেও ত্রিকোণেশ্বর নামে সন্ন্যাসীদিগের একটী মঠ আছে। তথায় সময়ে সময়ে বহুতর উদাসীন সমাগত হয়। কালীর পুরীর সম্মুখের ঘাটের উপর সম্প্রতি শৈব সম্প্রদায়ী দাক্ষিণাত্যের শেঠীদিগের একটা মঠ সংস্থাপিত হইয়াছে। নির্গুণ উপাসনা মঠের উদ্দেশ্য হইলেও অধিকাংশ মঠে সাকার লিঙ্গ প্রতিষ্ঠিত আছে। পুরাণে দেখা যায় সতীদেহ খণ্ড খণ্ড হইয়া যে যে স্থানে নিক্ষিপ্ত হইয়াছিল শিব সতীস্নেহ বশত সেই সেই স্থানে লিঙ্গরূপে অবস্থিতি করিলেন। ★ শিবের প্রতিমূর্ত্তি পূজা অতীব বিরল। ভারতবর্ষের সর্ব্বত্রই লিঙ্গ পূজা প্রচলিত। সাধারণ মতে শিব সংহার কর্ত্তা। কিন্তু শৈবেরা শিবকে সংহার কর্ত্তা ও সৃজন কর্ত্তা বলিয়া অঙ্গীকার করিয়া থাকেন শিবের লিঙ্গমূর্ত্তি সেই সৃজন

শক্তির পরিচায়ক। শিবগীতাতে শিবের নিরাকার ও সাকার উভয়রূপই বর্ণিত আছে। লিঙ্গ পুরাণে দুই প্রকার শিবের বিষয় লিখিত আছে। অলিঙ্গ ও লিঙ্গ। অলিঙ্গ শিব নির্গুণ স্বরূপ, আর লিঙ্গ শিব জগতের সৃষ্টির কারণ।

> জগদ্যোনি মহাভূতং স্থূল সূক্ষ্মা মজং বিভুং।
> বিগ্রহং জগতাং লিঙ্গং অলিঙ্গাদ ভবৎ স্বয়ং॥
>
> লিঙ্গপুরাণ তৃতীয় অধ্যায়

স্থূল, সূক্ষ্ম, অজন্মা, সর্ব্ব ব্যাপী, বিশ্ব রূপ ও জগতের কারণ মহাভূতস্বরূপ লিঙ্গ শিব, অলিঙ্গ শিব হইতে উৎপন্ন হইয়াছেন। লিঙ্গ দ্বিবিধ, অকৃত্রিম ও কৃত্রিম। স্বয়ম্ভূলিঙ্গ ও বাণলিঙ্গকে অকৃত্রিম লিঙ্গ কহে। আর মনুষ্য কর্তৃক দ্রব্য বিশেষ যথা স্বর্ণ, রজত, পারদ, তাম্র, স্ফটিক, প্রস্তর, মৃত্তিকা, গোময় প্রভৃতি বিবিধ দ্রব্যে গঠিত লিঙ্গকে কৃত্রিম লিঙ্গ কহে। নর্ম্মদা নদীতীরে যে সমস্ত ক্ষুদ্র ক্ষুদ্র পাষাণ খণ্ড প্রাপ্ত হওয়া যায় তাহার নাম বাণলিঙ্গ। প্রথমে বাণ রাজার দ্বারা পূজিত হয় বলিয়া উহার বাণলিঙ্গ নাম হইয়াছে। যে সকল লিঙ্গ কোন মনুষ্যের দ্বারা নির্ম্মিত হয় নাই এবং যাহার মূল দেখিতে পাওয়া যায় না তাহাকে স্বয়ম্ভূ বা অনাদি লিঙ্গ কহে। ✷ কালীঘাটের নকুলেশ্বর ভৈরব স্বয়ম্ভূ লিঙ্গ, কালীর মন্দিরের অদূরে ঈশান কোণে অবস্থিত। সুদর্শন ছিন্ন সতী অঙ্গ পতনে ইঁহার উদ্ভব ধরিতে হইবে। কালী মূর্তি প্রকাশের সঙ্গে সঙ্গেই ইঁহার প্রকাশ।

কালীঘাট জন সমাজে প্রকাশিত হইবার অনেক পরে বহুকাল পর্যন্ত নকুলেশ্বরের কোন মন্দিরাদি ছিল না। ইঁহার উপর সামান্য পর্ণকুটীরের আচ্ছাদন মাত্র ছিল। কালীর বড় মন্দির, ভোগঘর, শ্যামরায়ের অধিষ্ঠান মন্দির প্রভৃতি নির্ম্মিত হইবার অনেক পরে নকুলেশ্বরের প্রস্তর নির্ম্মিত মন্দির হইয়াছে। তাহাও বহুদূর 43প্রদেশবাসী জনৈক ব্যবসায়ীর যত্নে হইয়াছে। পঞ্জাব প্রদেশীয় ব্যবসায়ী তারা সিংহ নামে জনৈক শৈব ১৮৫৪ খৃষ্টাব্দে স্বদেশ হইতে প্রস্তর আনিয়া নকুলেশ্বরের মঠ মন্দির নির্মাণ করাইয়া দেন।যে সকল লিঙ্গ নানা ছিদ্রযুক্ত ও নানা বর্ণ বিশিষ্ট ও যাহার অঙ্গ কর্কশ এবং যাহার মূল দৃষ্ট হয় না তাহার নাম স্বয়ম্ভু বা অনাদি লিঙ্গ।

নকুলেশ্বরের মঠ মন্দির এ প্রদেশীয় মন্দিরের মত নহে। ইহা সমস্ত প্রস্তর নির্ম্মিত, সুদৃশ্য প্রস্তর স্তম্ভের উপর ছাদ রক্ষিত হইয়াছে। তারাসিংহের এই মঠ মন্দির নির্মাণের বিষয়ে একটা আশ্চর্য্য গল্প শ্রুত হওয়া যায়। তারাসিংহ একবার ব্যবসায়ে

43

★নানাছিদ্র সুসংযুক্তং নানাবর্ণ–সমন্বিতং ! অদৃষ্ট মূলং যল্লিঙ্গং কর্কশং ভূবি দৃশ্যতে ॥ ষট্কর্ম্ম দীপিকা ।"

যে সকল লিঙ্গ নানা ছিদ্রযুক্ত ও নানা বর্ণবিশিষ্ট ও যাঁহার অঙ্গ কর্কশ এবং যাঁহার মূল দৃষ্ট হয় না তাঁহার নাম স্বয়ম্ভূ বা অনাদিকাল লিঙ্গ॥

আশাতীত লাভ পান। সেই লাভের অর্থ নিজে ব্যয় না করিয়া বারাণসীতে সন্ন্যাসীদিগের একটা মঠ স্থাপনের সঙ্কল্প করেন। সঙ্কল্পিত মঠ নির্ম্মাণের উপযোগী প্রস্তরাদি নৌকায় বোঝাই করিয়া বারানসী অভিমুখে যাত্রা করেন। নাবিকগণ সেই বোঝাই নৌকা বারাণসীর ঘাটে কোন ক্রমে থামাইতে পারিল না। নৌকা স্রোত মুখে ভাসিয়া আসিয়া কালীঘাটে আসিয়া থামিল। তারাসিংহ কালীঘাটে উঠিয়া নকুলেশ্বরের দুরবস্থা দেখিয়া ঐ সকল প্রস্তরে তাঁহার এই মঠমন্দির প্রস্তুত করাইয়া দেন।

শিবরাত্রি ও নীলষষ্ঠী (অর্থাৎ বৈশাখ মাসের সংক্রান্তির পূর্ব্বদিন)

এই দুইটী পর্ব্বে নকুলেশ্বরের স্থানে বিস্তর লোকের সমাগম হয়। পূর্ব্বে নকুলেশ্বরের চড়ক পর্ব্ব বড় সমারোহে সম্পাদিত হইত। কালীঘাটের উত্তর পূর্ব্ব সীমা বর্তমান চড়কডাঙ্গায় চড়ক পর্ব্ব হইত এবং তদুপলক্ষে তথায় প্রতিবৎসর ঐ সময়ে একটী মেলা হইত। নকুলেশ্বরের চড়ক পর্ব্ব ঐ স্থানে সমাধা হইত বলিয়া ঐ স্থান অদ্যাবধি “ চড়কডাঙ্গা ” বলিয়া অভিহিত হইয়া থাকে। কালীঘাটে শ্রীযুক্ত ক্ষেত্র মোহন হালদারের যত্নে স্থাপিত “ শিবভক্তি প্রদায়িনী ” নামে একটি ধর্ম্ম সভা আছে। প্রতি বৎসর সাবিত্রী চতুর্দ্দশীর দিবস নকুলেশ্বরের মঠ মন্দিরে উহার অধিবেশন হয়। তদুপলক্ষে সে দিবস তথায় বিস্তর কাঙ্গালীদিগকে অন্ন

বিতরিত হইয়া থাকে। নকুলেশ্বরের মঠমন্দির ব্যতীত কালীঘাটের স্থানে স্থানে অতি প্রাচীন অনেক শিব মন্দির দৃষ্ট হইয়া থাকে সে সকল সেবাইত হালদারগণ ও নানা স্থানীয় ভিন্ন ভিন্ন লোক কর্তৃক প্রতিষ্ঠিত হইয়াছে। এ সকলের মধ্যে কালীর পুরীর মধ্যস্থ দুইটী শিব মন্দির ও পুরীর সম্মুখীন গঙ্গার ঘাটের উপর হুজুরিমল্ল নির্ম্মিত মন্দিরটী সর্ব্বাপেক্ষা প্রাচীন।

শ্মশান ভূমি

অতি পূর্ব্বে কালীঘাটের কোন স্থানে শ্মশান ভূমি ছিল কি না তাহার কোন নিদর্শন পাওয়া যায় না। না থাকারই কথা। লোক জনের বসবাস না থাকিলে শ্মশান ভূমির কি প্রয়োজন হইতে পারে? কালীঘাটের লোক সংখ্যার বৃদ্ধির সঙ্গে সঙ্গেই শ্মশান ভূমির আবশ্যকতা হইয়াছিল। পূর্ব্বে কালীর সম্মুখীন গঙ্গার ঘাটেই শবদাহ হইত। পরে মিউনিসিপালিটীর সংস্থাপনের পর ঐ সকল স্থানে শব দাহ বন্ধ হইয়া যায়। সমস্ত উপনগরের শবদাহার্থ ১৮৬২ সালে বর্তমান শ্মশান ভূমি নির্দিষ্ট হয়। কিন্তু ধরিতে গেলে এ অঞ্চলের রীতিমতো শ্মশান টালিগঞ্জের কিঞ্চিৎ দক্ষিণে। এজন্য ঐ স্থানকে তর্পণ ঘাটা কহে। অদ্যাবধি ঐ স্থানে শব প্রোথিত করিবার নিয়ম রহিয়াছে।

শব দাহার্থ, বর্ত্তমান শ্মশান ভূমি কালীঘাটের নৈঋত কোণে গঙ্গার তীরে অধস্থিত। মধ্যস্থলে কালীর মন্দির, উহার ঈশান কোণে নকুলেশ্বর এবং অন্য দিকে নৈঋত কোণে শ্মশান। পূর্ব্বে এই শ্মশানের অবস্থা এত কদর্য্য ছিল যে তথায় শব দাহ করিতে গেলে লোকের বিলক্ষণ কষ্ট হইত। ভথায় কিছুই ছিল না কেবল অনাবৃত ভূমিখণ্ড, অঙ্গার ও ভস্মে আবৃত। থাকিবার মধ্যে কএকটী ক্যাওড়া গাছ মাত্র ছিল এজন্য ঐ স্থানকে অদ্যাবধি লোকে ক্যাওড়াতলা কহিয়া থাকে।

কালীর সেবাইত ৺ গঙ্গানারায়ণ হালদারের বনিতা সর্ব্বপ্রথমে শ্মশান ভূমির উন্নতির দিকে মনোযোগ প্রদান করেন। যে কালীঘাটের সেবাইত পুরুষগণ স্ব স্ব স্বার্থ লইয়া নিয়ত ব্যস্ত, স্থানের উন্নতির দিকে যাহাদের কটাক্ষ মাত্র নাই, সেই কালীঘাট গ্রামের অন্তঃপুরবাসিনী হিন্দু রমণী হইয়া সর্ব্বাগ্রে সাধারণ লোকের কষ্ট নিবারণে যত্ন ও ব্যয় করা সাধারণ শ্লাঘার বিষয় নহে। এই সাধারণের হিতাকাঙ্ক্ষিণী হিন্দু রমণী শ্মশানে গঙ্গার ঘাট এবং শবদাহার্থে আগত লোকের রৌদ্র ও বৃষ্টি হইতে রক্ষার জন্য ইষ্টক নির্ম্মিত একটী ঘর নির্মাণ দ্বারা এবং শ্মশানে যাইবার সুগম পধ বাঁধাইয়া দিয়া সাধারণের বিশেষ কৃতজ্ঞতা ভাজন হইয়াছেন।

এস্থলে হাইকোর্টের বেঞ্চক্লার্ক বরিশাল নিবাসী শ্রীযুক্ত বাবু শশিভূষণ বসু মহাশয়ের নামোল্লেখ না করিয়া থাকা যায় না। ইনি পিতার স্মরণার্থ উক্ত শ্মশানে শবদাহার্থ আগত লোকজনের বিশ্রামের জন্য বৃহৎ অট্টালিকা নির্মাণ করাইয়া দিয়া সাধারণের বিশেষ উপকার করিয়াছেন। ইঁহার যত্নে ও ব্যয়ে শ্মশানটি এমনি হইয়াছে যে বর্ষাকালের অন্ধকার রাত্রিতেও শবদাহ করিতে গেলে লোকের কোন কষ্ট অনুভূত হয় না। যাহা হউক ইঁহাদের যত্নে

শ্মশানের পূর্ব্বকার ভীষণ অবস্থা এখন লোকের হৃদয় হইতে অন্তর্হিত হইয়াছে।

বর্ত্তমান কীর্ত্তি	নির্ম্মাণের সময়	কাহা কর্তৃক নির্ম্মিত।
পুরীর চতুষ্পার্শ্বে গমনা-গমনের পথ ...	১৮৫৮ ১৮৭৫	গড়িয়া নিবাসী গোবিন্দ সাধুর্থা ও কলিকাতা ঘোড়াসাঁকো নিবাসী রাম চন্দ্র পাল এবং পরে ছাপরা নিবাসী আগর ওয়ালা গোবর্দ্ধন দাস।
শ্যামরায়ের দোলমঞ্চ... অবশিষ্ট ভোগঘর ...	১৮৫৮ ১৮৭৮	সাহানগর নিবাসী মদল কলে ছাপরা নিবাসী গোবর্দ্ধন দাস আগর ওয়ালা।
গঙ্গার ঘাট হইতে কালীর মন্দির পর্য্যন্ত গমনাগমনের পথ ...	ঐ	ঘোড়াসাঁকো নিবাসী রাম চন্দ্র পাল ও গোবর্দ্ধন দাস আগর ওয়ালা।
শ্মশানের ঘাট, বিশ্রাম ঘর ও যাতায়াতের পথ	১৮৭৯	কালীর সেবাইত ৺গঙ্গানারায়ণ হালদারের বনিতা বিশ্বমঙ্গী দেবী (৺ প্রাণকৃষ্ণ হালদারের জননী)
শ্মশানের বড় বিশ্রাম ঘর ও শিব মন্দির...	১৮৮০	হাইকোর্টের বেঞ্চক্লার্ক বরিশাল নিবাসী শ্রীযুক্ত বাবু শশিভূষণ বসু।
কালীর মন্দিরের বায়ু কোণে মনসা তলা প্রস্তর দিয়া নির্ম্মাণ	১৮৮০	বেহালা নন্দনপুর নিবাসী গোবিন্দ চন্দ্র দাস মণ্ডল।

ভিন্ন ভিন্ন মহানুভব ব্যক্তিদিগের দ্বারা নির্ম্মিত কালীপীঠ সম্বন্ধীয় বর্ত্তমান দেবত্তর ইমারতপ্রভৃতির তালিকা।

বর্ত্তমান কীর্ত্তি	নির্ম্মাণের সময়	কাহা কর্ত্তৃক নির্ম্মিত।
কালীর সম্মুখীন গঙ্গারঘাট	১৭৭০।৭১	পঞ্জাব প্রদেশ বাসী প্রসিদ্ধ সৈনিক ছজ্জুরি মল্ল।
কালীর বর্ত্তমান মন্দির	১৮০৯	বড়িষার প্রসিদ্ধ ভূম্যধিকারী সন্তোষ রায় চৌধুরী ও তাঁহার উত্তরাধিকারিগণ।
দুটী ভোগঘর ...	১৮১২	গোরক্ষপুর নিবাসী টীকারায়।
পুরীর তোরণ দ্বার ও নহবত খানা ...	১৮১২।	ঐ ঐ
নাট্যমন্দির ...	১৮০৫	আন্দুলের প্রসিদ্ধ জমীদার রাজা কাশীনাথ রায়।
শ্যামরায় বিগ্রহের অধিষ্ঠান মন্দির ...	১৮৪৩	বাওয়ালী নিবাসী বৈষ্ণব প্রধান জমীদার উদয় নারায়ণ মণ্ডল।
তৃতীয় ভোগঘর ...	১৮৪৩	শ্রীপুর নিবাসী জমীদার রায় তারক চন্দ্র চৌধুরী।
চতুর্থ ভোগঘর ...	১৮৪৪	ভেলেনীপাড়া নিবাসী জমীদার কাশীনাথ বন্দ্যোপাধ্যায়।
নকুলেশ্বরের মঠ মন্দির	১৮৫৪	পঞ্জাব প্রদেশীয় ব্যবসায়ী তারাসিংহ।

দ্বাদশ অধ্যায়

সাময়িক অবস্থার সমালোচনা।
(বৈবরণিক মানচিত্র দেখ)

অধিবাসী।—চারি পাঁচ শত বৎসর পূর্ব্বে যে কালীঘাট অরণ্যময় ও মনুষ্যের বাসের অযোগ্য ছিল ইদানীং সেই কালীঘাট বহু জনাকীর্ণ সমৃদ্ধিশালী নগরী হইয়াছে। এখন এখানে বহু সংখ্যক লোকের বাস হইয়াছে। প্রায় সমুদয় অধিবাসীই হিন্দুধর্ম্মাবলম্বী। মুসলমানের সংখ্যা এত অল্প যে নাই বলিলেই হয়। হিন্দু অধিবাসিগণের মধ্যে অধিকাংশই ব্রাহ্মণ। হালদারগণই এখানকার আদিম অধিবাসী। পরে বিবাহ উপলক্ষে কুলীন ব্রাহ্মণ সন্তানেরা হালদারদিগের যত্নে এখানে বসবাস করিয়াছেন। অধুনা কালীঘাটে সমুদয়ে অন্যূন এক শত ঘর সেবাইত ও অধিকারীর বাস আছে। ইহারা সকলেই হালদার বা তাঁহাদের দৌহিত্র সন্তান। ইহা ব্যতীত এখানে বহুতর অপর জাতীয় হিন্দুগণের বাস আছে। অনেকে অর্থোপার্জ্জনের জন্য কেহবা চাকুরি কারণ, কেহ বা বিদ্যোপার্জ্জনের নিমিত্ত, আর কেহ কেহ বা তীর্থস্থান বিধায়, বা ব্যবসায় উপলক্ষে এখানে আসিয়া বাস করিয়াছেন। এখানকার অধিকাংশ বাসস্থানই ইষ্টক নির্ম্মিত একতল। দ্বিতল ও ত্রিতল

অট্টালিকার সংখ্যাও নিতান্ত কম নহে। দরিদ্র নিম্ন শ্রেণীর লোকের পর্ণ কুটীরের সংখ্যাও তদ্রূপ।

রাস্তা—ইংরাজদিগের অধিকার সময় হইতে কালীঘাটের পাকা রাস্তার সূত্রপাত ধরিতে হইবে। পূর্ব্বে কালীঘাটের পূর্ব সীমা দিয়া বন মধ্যে যে অপ্রশস্ত পথের উল্লেখ করা হইয়াছে তাহা ইংরাজদিগের সময় প্রথম প্রস্তর নির্ম্মিত হইয়া " গ্রাণ্ড ট্রাঙ্ক রোড " নামে অভিহিত হয়। পরে ১৮৬৫ সালে মিউনিসিপালিটীর সৃষ্টি হইবার পর হইতে উহাকে রসা রোড কহা যায়। কালীঘাট রোড যে কোন সময় হইয়াছে বলা যায় না। অষ্টাদশ শতাব্দীর প্রথমেই গোবিন্দপুর হইতে উঠিয়া আসিয়া রাম গোবিন্দ কালীঘাটের উত্তর প্রান্তে বর্তমান চড়কডাঙ্গার নিকট বাস করেন ইহা পূর্ব্বে বিবৃত হইয়াছে। তদ্বংশীয়েরাও তাঁহাদের ভাগিনেয় দৌহিত্রগণ ঐ স্থানে বাস করিতেন। বর্তমান কালীঘাট রোড ও এষ্ট্রাণ্ড রোড তাঁহাদের কালী দর্শনে গমনাগমনের সহজ পথ। তাহাদের যাতায়াতে ঐ পথদ্বয় হইয়াছিল। মিউনিসিপালিটী প্রবর্ত্তিত হইবার পর অপরাপর রাস্তা গুলি হইয়াছে। ১৮৭৯ সাল হইতে কালীঘাট রোড গ্যাসের আলোকে আলোকিত হইয়াছে। এই সময় ছাপরা নিবাসী গোবর্দ্ধন দাস নামে জনৈক আগরওয়ালা নিজব্যয়ে কালীরপুরী কয়েকটী গ্যাসের আলোকে সুসজ্জিত করিয়া দিয়াছেন। ইহার অব্যবহিত পরে কালীঘাটে ট্রামপথ নির্ম্মিত হয় এবং তদবধি যাত্রীর সংখ্যা

সমধিক বৃদ্ধি পাইয়াছে। মিউনিসিপালিটীর জন্য বলির ছাগ মেষাদির দুর্গন্ধময় অপরিমেয় রক্তের ভীষণ দৃশ্য কালীপুরী হইতে তিরোহিত হইয়াছে।

ডাক ও পুলিষ—প্রায় দুই তিন বৎসর হইল কালীঘাটে স্বতন্ত্র পোষ্ট আপিস হইয়াছে। উহার পূর্ব্বে ভবানীপুরের পোষ্ট আপিস হইতে চিঠিপত্র বিলি ও রেজেষ্টি হইত। পুলিষের অবস্থা পূর্ব্বেও যেরূপ এখনও তাহাই আছে। কালীর পুরীর ঠিক সম্মুখেই পুলিষ ফাড়ি। কালীঘাটে স্বতন্ত্র পুলিষ সেক্ষ্যান নাই। ইহা সামান্য ফাড়ি মাত্র, ভবানীপুরের পুলিষ ইনেস্পেক্টরের অধীন। এখানে জন কয়েক মাত্র কনষ্টেবল থাকে। পর্ব্ববিশেষে অধিক যাত্রীর সমাগম হইলে শান্তি রক্ষার জন্য অন্যান্য পুলিষ হইতে ইনেস্পেক্টর আনান হয়। সময়ে সময়ে যাত্রিগণের উপর যে সকল অত্যাচারের বিষয় সংবাদ পত্রে দেখিতে পাওয়া যায় কালীঘাটে পুলিষের এতাদৃশ অবস্থাই তাহার প্রধান কারণ।

হাট বাজার—কালীঘাটে প্রাত্যহিক বাজার বসিয়া থাকে। এই বাজারের অবস্থা কলিকাতা রাজধানীর অপরাপর স্থানের বাজারের অপেক্ষা নিকৃষ্ট নহে। অন্যূন ৫০। ৫২ বৎসর হইবে আনন্দ চন্দ্র হালদার নামক কালীর জনৈক সেবাইতের যত্নে ও উদ্যোগে এই বাজারটীর সূত্রপাত হয়। এখন উহা উচ্চ শ্রেণীর বাজারের মধ্যে পরিগণিত হইয়াছে। কালীঘাটের অপর পারে চেতলা গ্রামে

সপ্তাহে দুই বার হাট হইয়া থাকে। প্রতি বুধবার ও শনিবার চেতলার হাটে বিস্তর ক্রয় বিক্রয় হয় অধুনা চেতলার হাট বঙ্গদেশে সর্ব্বত্র অতীব প্রসিদ্ধ। বঙ্গদেশের নানা স্থান হইতে পাইকার দোকানদারেরা চেতলা হাটে আসিয়া থাকে। এখানে সর্ব্ব প্রকার দ্রব্যই অধিকতর ক্রয় বিক্রয় হইয়া থাকে। ধরিতে গেলে চেতলার হাটের মত বঙ্গদেশে আর পুরাতন হাট দেখিতে পাওয়া যায় না। কালীঘাটের বাজার হওয়ার অন্যূন ২৫।৩০ বৎসর পূর্ব্ব হইতে চেতলার হাট বসিয়াছে। এরূপ কিংবদন্তী আছে যে পূর্ব্বে এই হাটে মানুষ বিক্রয় হইত। কেবল এপ্রদেশে নয়, পূর্ব্ব বাঙ্গালার অনেক বৃদ্ধ লোকের মুখেও একথাটী শুনিতে পাওয়া যায়।

বিদ্যাচর্চ্চা—কালীঘাটে বিদ্যাচর্চ্চার সমালোচনা করিতে হইলে অগ্রে বিদ্যানুরাগী স্বদেশহিতৈষী মহাত্মা শ্রীযুক্ত বাবু মহেশচন্দ্র মুখোপাধ্যায় মহাশয়ের নাম করিতে হয়। ইনি কালীঘাটের জনৈক সেবাইতের দৌহিত্র। লর্ড বেন্টিঙ্কের সময় প্রসিদ্ধ, লর্ড মেকলে ও টি বিলিয়ান সাহেবের বিশেষ উদ্যোগে এদেশে পাশ্চাত্য জ্ঞান চর্চ্চার প্রথা প্রচলিত হইবার অনেক পর পর্য্যন্ত কালীঘাটে ইংরাজী বিদ্যা প্রচারের কোন উদ্যোগই দেখা যায় নাই। পরে ১৮৫৯ সালে উল্লিখিত বাবু মহেশচন্দ্র মুখোপাধ্যায় মহাশয় নিজ ব্যয়ে "কালীঘাট হিন্দু একাডেমী" নামে একটী উচ্চশ্রেণীর ইংরাজি বিদ্যালয় সংস্থাপিত করেন এবং তথায় তিনি স্বয়ং ছাত্রদিগকে

শিক্ষা দিতেন। মহেশ বাবুই এ অঞ্চলে ইংরাজি শিক্ষার পথ প্রদর্শক। তিনি গবর্ণমেন্টের বিনা সাহায্যে প্রায় ১৫।১৬ বৎসরেরও অধিক কাল উক্ত বিদ্যালয়ের শিক্ষা কার্য্য সুচারুরূপে সম্পন্ন করেন। উক্ত বিদ্যালয়টী উঠিয়া গেলে অনেক বৎসর পর্য্যন্ত এ ক্ষতির পূরণ হয় নাই । পরে ৩।৪ বৎসর হইবে কালীঘাটে আর একটা উচ্চ শ্রেণীর নূতন বিদ্যালয় হইয়াছে। কালীঘাটে বালক বালিকাদিগের বাঙ্গালা শিক্ষার বিশেষ অভাব ছিল! এক্ষণে বালকদিগের জন্য দুইটী বঙ্গবিদ্যালয় ও একটী বালিকা বিদ্যালয় আছে। কালীর সেবাইত মৃত মহাত্মা মহিমানাথ হালদার মহাশয় ও মৃত মহাত্মা বাবু রূপচাঁদ মুখোপাধ্যায় মহাশয়ের বিশেষ যত্নে বাঙ্গালা শিক্ষার এই দুইটী বিদ্যালয় সংস্থাপিত হয়।

এতদ্ব্যতীত কালীঘাটে সংস্কৃতের বিশেষ আলোচনা হইয়া থাকে। ঢাকা নিবাসী মৃত পণ্ডিত কালিপ্রসাদ দত্ত কবিভূষণ কবিরাজ মহাশয়ের বিশেষ পরিশ্রমে কালীঘাটে আয়ুর্ব্বেদচর্চ্চা বিশেষ উন্নতি লাভ করে। এক্ষণে কালীঘাটে সংস্কৃত অধ্যাপনার দুই তিনটী চতুষ্পাঠী আছে। এই সকল চতুষ্পাঠীর ছাত্রেরা সাহিত্য ও দর্শন শাস্ত্রে প্রতি বৎসর উপাধি পরীক্ষায় উচ্চ শ্রেণীতে উত্তীর্ণ হইতেছে।

ধর্ম্ম সংস্কার— কালীঘাটে শাক্ত, শৈব ও বৈষ্ণব এই তিন সম্প্রদায়ী লোকই দেখা যায়। কালীঘাটে কালীদেবী, নকুলেশ্বর ভৈরব ও শ্যামরায় বিদ্যমান আছেন বলিয়া যে ব্যক্তি বৈষ্ণব তিনিও কালীঘাটে আসেন, আর যে ব্যক্তি শৈব তিনিও আসেন। শাক্তের তো কথাই নাই। কালীঘাটে দুইটী শৈব মঠ ও দুইটী ধর্ম্ম সভা সংস্থাপিত আছে। শিব সভার বিষয় ইতিপূর্ব্বে উক্ত হইয়াছে। দ্বিতীয়টী "সর্ব্বার্থ সাধিনী সভা"। পূর্ব্বোক্ত মৃত মহাত্মা মহিমানাথ হালদার মহাশয় এই সভার স্থাপন কর্তা। বৎসরের শেষ দিনে এই সভার বাৎসরিক অধিবেশন হয় এবং তদুপলক্ষে নগর সঙ্কীর্ত্তন মহা সমারোহে সম্পন্ন হইয়া থাকে।

উপসংহার— কালীঘাটের বর্তমান অবস্থা নয়নগোচর করিলে ইহার দুই তিন শতাব্দীর পূর্ব্বের অবস্থা অনুমান করা দুরূহ বোধ হয়। শ্বাপদ সঙ্কুল অরণ্যময় স্থান এখন বহু জনাকীর্ণ সুরম্য নগর, সমগ্র ভারতের রাজধানীর অন্তর্ভূর্ত। ইহার এতাদৃশ উন্নতি লাভ স্থানান্তর বাসী মহোদয়গণের যত্ন ও ব্যয় সম্ভূত বলিতে হইবে। কালীঘাট এক দিকে যেমন উন্নতি লাভ করিয়াছে অন্য দিকে আবার সেই সঙ্গে সঙ্গে সেবাইতগণের মধ্যে একতার হ্রাস হইয়াছে। পরস্পর পরস্পরের ছিদ্রান্বেষণে তৎপর। স্থানের উন্নতির দিকে অধিকাংশেরই লক্ষ্য নাই। অনেকেই স্ব স্ব স্বার্থের জন্য ব্যতিব্যস্ত। সমাজ বন্ধনও ক্রমে শিথিল হইয়া আসিতেছে। সেবাইতগণের মধ্যে সময়ে সময়ে দলাদলি উপস্থিত হইয়া

রীতিমত দেবসেবার বিস্তর ব্যতিক্রম ঘটিয়া থাকে। তাঁহারা স্ব স্ব সেবার পালায় আয়ের বৃদ্ধি দেখিলেই সন্তুষ্ট হয়েন, কিন্তু তীর্থ দর্শনার্থ বহু দূরাগত যাত্রিগণের কষ্টের দিকে একবারও দৃষ্টিপাত করেন না। যাহাদের অর্থে কালীঘাটের এতাদৃশ উন্নতি, সময়ে সময়ে তাহাদের দুর্গতির আর শেষ থাকে না। বহু দূরদেশাগত যাত্রিগণের ভাড়াটিয়া দোকান ভিন্ন আর গতি নাই। পশ্চিম প্রদেশীয় প্রায় সমস্ত হিন্দু তীর্থে এক একটা সাধারণ বাটী থাকে। বিদেশী যাত্রিগণ আসিলে তথায় আশ্রয় পাইয়া থাকেন। এই সকল বাটীকে ধর্ম্মশালা কহে। কালীঘাটে এরূপ তিলার্দ্ধ স্থান যাত্রিগণের জন্য রাখা হয় নাই। গঙ্গার ঘাটের উপর হুজুরি মল্ল নির্ম্মিত চাঁদনী পূর্ব্বে এই অভিপ্রায় সাধন করিত। কিন্তু ভগ্ন হইয়া যাওয়ায় তাহাও বিলুপ্ত হইয়াছে।

সম্পূর্ণ।

* * * * * * * * * *

পরিশিষ্ট

(ক) – পীঠমালা

পঞ্চাশদেক পীঠানি এবং ভৈরবদেবতাঃ। অঙ্গ প্রত্যঙ্গ পাতেন বিষ্ণুচক্রক্ষতেন চ । মমান্যবপুষো দেব হিতায় ত্বরি কথ্যতে। ব্রহ্মরন্ধ্রং হিঙ্গুলায়াং ভৈরবো ভীমলোচনঃ ॥ কোট্টরী সা মহামায়া ত্রিগুণা যা দিগম্বরী । ১। শর্করারে ত্রিনেত্রং মে দেবী মহিষমর্দ্দিনী ॥ ক্রোধীশো ভৈরবস্তত্র সর্ব্বসিদ্ধি প্রদা– য়কঃ। ২। সুগন্ধায়াং নাসিকা মে দেব ত্র্যম্বক ভৈরবঃ ॥ সুন্দরী সা মহাদেবী সুনন্দা তত্র দেবতা। ৩। কাশ্মীরেকণ্ঠ– দেশশ্চ ত্রিসন্ধ্যেশ্বর ভৈরবঃ ॥ মহামায়া ভগবতী গুণাতীতা বরপ্রদা। ৪। জ্বালামুখ্যাং মহাজিহ্বা দেব উন্মত্তভৈরবঃ ॥ অম্বিকা সিদ্ধিদানাম্নী ৫ স্তনং জালন্ধরে মম। ভীষণো ভৈরব স্তত্র দেবী ত্রিপুরমালিনী ॥ ৬॥ হাদপীঠং বৈদ্যনাথে বৈদ্যনাথস্ত ভৈরবঃ। দেবতা জয় দুর্গাখ্যা ৭ নেপালে জানুনী মম ॥ কপালী ভৈরবঃ শ্রীমান্ মহামায়া চ দেবতা। ৮। মানসে দক্ষহস্তে। মে দেবী দাক্ষায়ণী হর । অমরো ভৈরব স্তত্র সর্ব্ব– সিদ্ধি প্রদায়কঃ। ৯। উৎকলে নাভিদেশশ্চ বিরজা ক্ষেত্রমুচ্যতে ॥ বিমলা সা মহাদেবী জগন্নাথস্ত ভৈরবঃ । ১০। গণ্ডক্যাং গণ্ডপাতঞ্চ তত্র সিদ্ধিনসংশয় । তত্র গণ্ডকীসা চণ্ডী চক্রপাণিস্তু ভৈরবঃ। ১১। বহুলায়াং বামবাহুর্ব্বহু– লাখ্যা চ দেবতা ॥ ভীরুকো ভৈরবো দেবঃ সর্ব্বসিদ্ধি ,প্রদায়কঃ। ১২। উজ্জ্বয়িন্যাং কুপরঞ্চ মাঙ্গল্যঃ কপিলাম্বরঃ ॥ ভৈরবঃ সিদ্ধিদঃ সাক্ষাদ্দেবী মঙ্গল চণ্ডিকা । ১৩।

চট্টলে দক্ষ বাহুর্মে ভৈরবশ্চন্দ্রশেখরঃ ॥ ব্যক্তরূপা ভগবতী ভবানী তত্র দেবতা। বিশেষতঃ কলিযুগে বসামি চন্দ্রশেখরে । ১৪। ত্রিপুরায়াং দক্ষ পাদো দেবতা ত্রিপুরা মাতা। ভৈরব ত্রিপুরেশশ্চ সর্ব্বাভীষ্ট ফলপ্রদঃ ॥ ১৫। ত্রিস্রোতীয়াং বাম- পাদো ভ্রামরী ভৈরবোহম্ববঃ। ১৬। যোনি পীঠং কামগিরৌ কামাখ্যা তত্র দেবতা ॥ যত্রাস্তে দ্বিগুণাতীতা রক্ত পাষাণ রূপিণী। যত্রাস্তে মাধবঃ সাক্ষাদুমানন্দোহথ ভৈরবঃ ॥ ১৭। অঙ্গুলীষু চ হস্তস্য প্রয়াগে ললিতা ভবঃ। এবং তা দেবতা সর্ব্বা এবন্তে দশ ভৈরবাঃ ॥ ১৮ ॥ করতোয়াং সমাসাদ্যাবৎ শিখর বাসিনীং । শত যোজন বিস্তীর্ণং ত্রিকোণং সর্ব্বসিদ্ধিদং ॥ দেবাঃ মরণ মিচ্ছন্তি কিংপুনর্ম্মানবাদয়ঃ । ভূত ধাত্রী মহামায়া ভৈরব ক্ষীরখণ্ডুকঃ ॥ যুগাদ্যায়াং মহাদেব দক্ষাঙ্গুষ্ঠং পদো মম । ১৯। নকুলীশঃ কালিপীঠে দক্ষপাদাঙ্গুলীষু চ ॥ সর্ব্বসিদ্ধিকরী দেবী কালিকা তত্র দেবতা । ২০। জয়ন্ত্যাং বাম জঙ্ঘাঞ্চ জয়ন্তী ক্রমদীশ্বরঃ । ২১। ভুবনেশী সিদ্ধিরূপা কিরীটস্থা কিরীটতঃ ॥ দেবতা বিমলা নাম্নী সম্বর্ত্তো ভৈরব স্থা। ২২। বারাণস্যাং বিশালাক্ষী দেবতা কালভৈরবঃ ॥ মণিকর্ণীতি বিখ্যাতা কুণ্ডলঞ্চ মম শ্রুতেঃ । ২৩। কন্যাশ্রমে চ পৃষ্ঠং মে নিমিষো ভৈরব স্থা ॥ সর্ব্বাণী দেবতা তত্র ২৪ কুরুক্ষেত্রে চ গুলফতঃ । স্থানুর্নান্না চ সাবিত্রী দেবতা ২৫ মণিবেদকে ॥ মণিবন্ধে চ গায়ত্রী সর্ব্বানন্দস্ত ভৈরবঃ । ২৬। শ্রীশৈলে চ মম গ্রীবা মহালক্ষ্মীস্ত দেবতা ॥ ভৈরবঃ

শম্বরানন্দো দেশে দেশে ব্যবস্থিতঃ ২৭।। কাঞ্চী দেশে চ কঙ্কালঃ ভৈরবো রুরু নামকঃ। দেবতা দেবগর্ভাখ্যা ২৮ নিতম্বঃ কালমারবে। ভৈরবশ্চাসিতাঙ্গশ দেবী কালিকা চ মুক্তিদা ॥ ২৯। শোণাখ্যা ভদ্রসেনস্ত নর্ম্মদাখ্যে নিতম্বকঃ ॥ ৩০ ॥ রামগিরৌ স্তনান্যঞ্চ শিবানী চণ্ডভৈরব । ৩১। বৃন্দাবনে কেশজালে উমা নাম্নী চ দেবতা ॥ ভূতেশো ভৈরব স্তত্র সর্বসিদ্ধি প্রদায়কঃ । ৩২। সংহারাখ্য ঊর্দ্ধ দত্তে দেবী নারায়ণী শুচৌ ॥ অধো দত্তে মহারুদ্রে। বারাহী পঞ্চ সাগরে। ৩৩। করতোয়া তটে তল্পং বামে বামন ভৈরবঃ। অর্পণা দেবতা তত্র ব্রহ্মরূপা করো- উবা। ৩৪ । শ্রীপর্ব্বতে দক্ষ তন্ত্রং তত্র শ্রীসুন্দরী পরা ॥ সব সিদ্ধিকরী সর্ব্বাসুন্দরানন্দ ভৈরবঃ। ৩৫। কপালিনী ভীমরূপা বাম গুফো বিভাষকে ॥ ৩৬। উদরঞ্চ প্রভাষে মে চন্দ্রভাগা যশস্বিনী। বক্রতুণ্ডো ভৈরব ৩৭ শ্চোর্দ্ধোষ্ঠো ভৈরব পর্ব্বতে ॥ অবন্তী চ মহাদেবী লম্বকর্ণস্ত ভৈরবঃ।৩৮।চিবুকে ভ্রামরী দেবী বিকৃতাক্ষো জলে স্থলে। ৩৯। গণ্ডো গোদাবরী তীরে বিশ্বেশী বিশ্বমাতৃকা ॥ দণ্ডপাণিভৈরবস্ত বাম গণ্ডে তু রাকিণী ॥ অমায়ী ভৈরবো বৎস সর্ব্বশৈলাত্মকোপরী । ৪০। রত্নবল্যাং দক্ষ স্কন্ধঃ কুমারী ভৈরবঃ শিবঃ ॥ ৪১। মিথিলায়াং উমা দেবী বামস্কন্ধো মহোদরঃ । ৪২। নলাহাট্যাং নলাপাতো যোগেশো ভৈরব স্তথা । তত্রসা কালিকা দেবী সর্ব্ব সিদ্ধি প্রদায়িকাঃ । ৪৩ । কর্ণাটে চৈব কর্ণং মে অভীরুনাম ভৈরবঃ : দেবতা জয় দুর্গাখ্যা নানা ভোগপ্রদায়িনী

। ৪৪ । বক্রেশ্বরে মনঃপাতং বক্রনাথস্ত ভৈরবঃ। নদী পাপ হরা তত্র দেবী মহিষমর্দ্দিনী । ৪৫। যশোরে পাণি পদ্মঞ্চ দেবতা যশোরেশ্বরী ॥ চণ্ডশ্চ ভৈরবো যত্র তত্র সিদ্ধিম্বায়াং । ৪৬ অট্রহাসে চোষ্ঠপাতো দেবী সা ফুল্লরা স্মৃতা । বিশ্বেশো ভৈরব স্তত্র সর্ব্বাভীষ্ট প্রদায়কঃ। ৪৭। হারপারজা নন্দিপুরে ভৈরবো নন্দিকেশ্বরঃ । নন্দিনী সা মহাদেবী তত্র সিদ্ধির্নসংশয়ঃ। ৪৮। লঙ্কায়াৎ নূপুরঞ্চৈব ভৈরবে। রাক্ষসেশ্বরঃ- ইন্দ্রাক্ষী দেবতা তত্র ইন্দ্রেনোপাসিতা পুরা । ৪৯। বিরাট দেশ মধ্যেতু পাদাঙ্গুলি নিপাতনং ।। ভৈরব, অমৃতাক্ষশ্চ দেবী

তত্রাম্বিকা স্মৃতা । ৫০। মাগধে দক্ষজজ্ঘামে ব্যোমকেশ ভৈরবঃ ॥ সর্ব্বানন্দকরী দেবী সর্ব্বকাম ফলপ্রদা । ৫১ ॥ এতান্তে কথিতা পুত্র পীঠনাথাধি দেবতাঃ ।

ইতি তন্ত্রচূড়ামণৌ শিব পার্ব্বতীসংবাদে একপঞ্চাশদ্বিদ্যোৎ পত্রৌ পীঠ নির্ণয়ঃ।

———————-

(খ)–কালীর সেবাইত হালদার বংশ

(১) এই তালিকায় প্রদর্শিত হালদারগণ ভবানীদাসের পৌত্রগণের পর হইতে পুরুষ পরম্পরায় উত্তরাধিকারী হইয়া আসিতেছেন (২) যে সকল অধিকারিগণ নিঃসন্তান থাকায় দৌহিত্রগণ উত্তরাধিকারী হইয়াছেন আঁহাদের নামের পার্শ্বে * এই চিহ্ন দেওয়া আছে ।(৩) যাঁহাদের কন্যা উত্তরাধিকারিণী আছেন তাঁহাদের নামের পার্শ্বে × এই চিহ্ন দেওয়া হইয়াছে।

(৪) যাঁহাদের বিধবা পত্নী উত্তরাধিকারিণী আছেন তাঁহাদের নামের পার্শ্বে ০ এই চিহ্ন আছে ।(৫) যাঁহাদের পুত্র কন্যা বা দৌহিত্র বা পত্নী কেহই বর্তমান নাই তাহাদের নাম বংশাবলির মধ্যে দেখান হয় নাই।

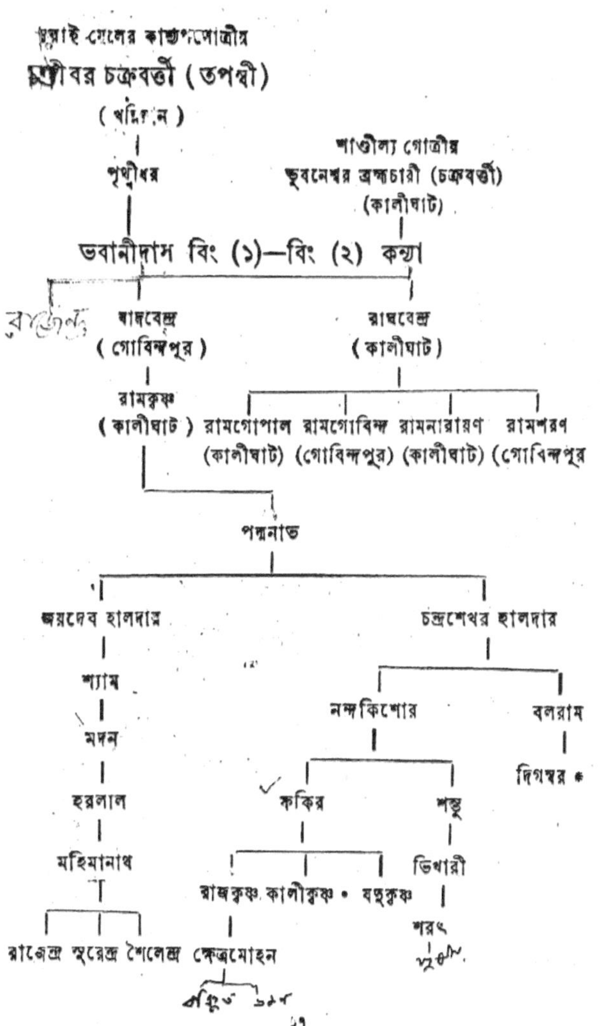
ফুলই গেলের কাশ্যপ গোত্রীয়
শ্রীবর চক্রবর্তী (তপস্বী)
(খাদিগান)
পৃথ্বীধর
শাণ্ডিল্য গোত্রীয়
ভুবনেশ্বর ব্রহ্মচারী (চক্রবর্তী)
(কালীঘাট)
ভবানীদাস বিং (১)—বিং (২) কন্যা
যাদবেন্দ্র
(গোবিন্দপুর)
রাঘবেন্দ্র
(কালীঘাট)
রামকৃষ্ণ
(কালীঘাট) রামগোপাল রামগোবিন্দ রামনারায়ণ রামশরণ
(কালীঘাট) (গোবিন্দপুর) (কালীঘাট) (গোবিন্দপুর)
পদ্মনাভ
জয়দেব হালদার
চন্দ্রশেখর হালদার
শ্যাম
নন্দকিশোর
বলরাম
মদন
হরলাল
কৃকির
শম্ভু
দিগম্বর
মহিমানাথ
ভিখারী
রামকৃষ্ণ কালীকৃষ্ণ যদুকৃষ্ণ
শরৎ
রাজেন্দ্র সুরেন্দ্র শৈলেন্দ্র ক্ষেত্রমোহন

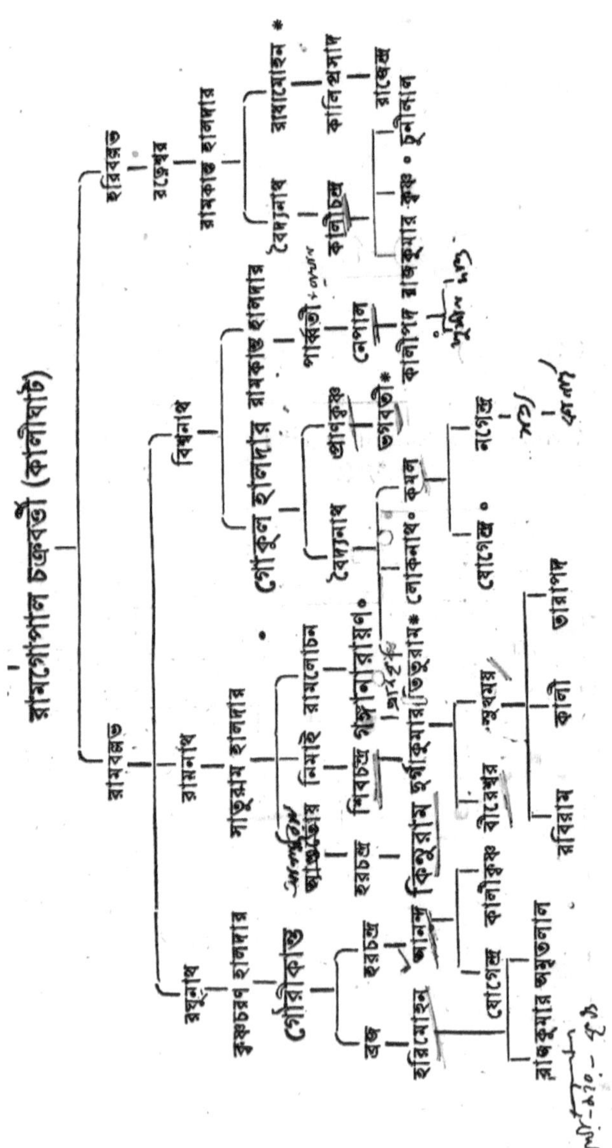

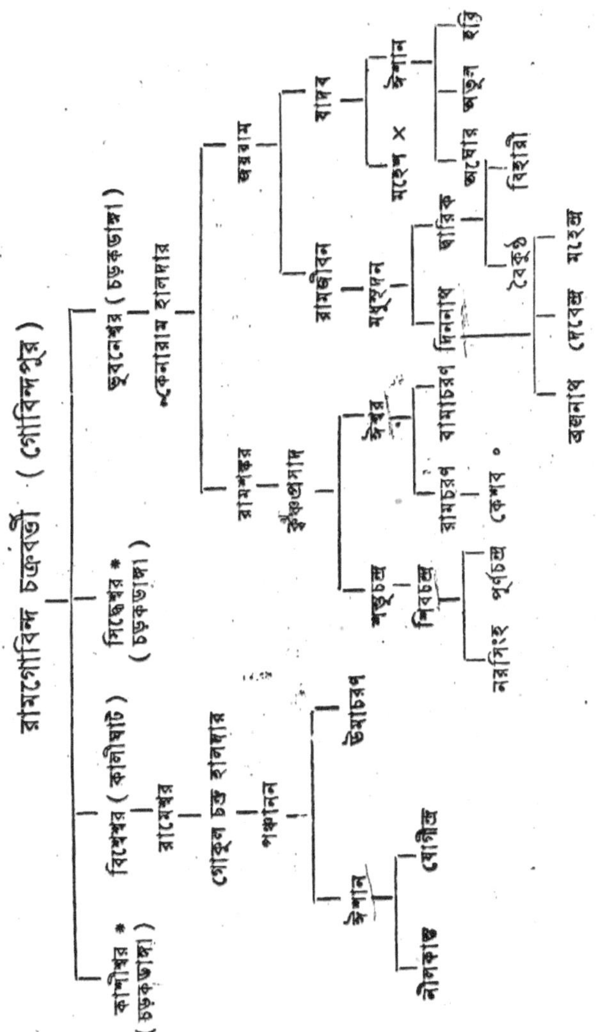
রামগোবিন্দ চক্রবর্ত্তী (গোবিন্দপুর)
কাশীশ্বর চক্রবর্ত্তী (চতুকভাঙা)
বিধেশ্বর চক্রবর্ত্তী (কালীঘাট)
সিদ্ধেশ্বর চক্রবর্ত্তী (চতুকভাঙা)
ছত্রনেশ্বর চক্রবর্ত্তী (চতুকভাঙা)
কেদারাম হালদার
রামেশ্বর
গোকুল চক্র হালদার
পঞ্চানন
ভীমাচরণ
কৃষ্ণ
নীলকান্ত
গৌরীজ
রামশঙ্কর
কৃষ্ণপ্রসাদ
ছত্রবাস
রামজীবন
রাধব
মধুসূদন
দিননাথ
রামাচরণ
বামাচরণ
ছাবিক
মহেশ ×
কৃষ্ণ
অভয়
ছত্রধারী
বিহারী
বসুচন্দ্র
শিবচন্দ্র
নরসিংহ পূর্ণচন্দ্র কেশব ০
জেঠুড়
রঘুনাথ
ব্রজনাথ (শম্ভুচন্দ্র) মহেন্দ্র

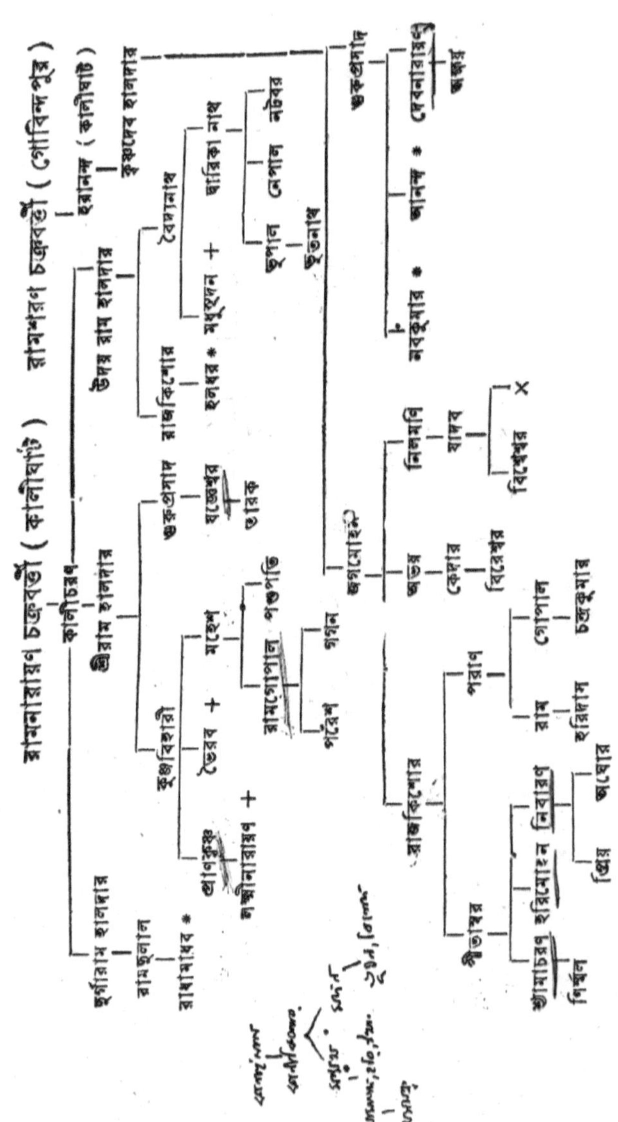

(গ) — ১ নং নকল ডিষমিষ ।

নকল ডিষমিষ মোকদ্দমা কাছারি আদালতে দেওয়ানী জেলা কালকাতা তজবিজ মোমতাজন মোলক কর্বর দোনা মেশ্র কায়ান শিশ পেনাতুল বাহাদুর কাএম জঙ্গ ও দারোগা ওগয়রহ আমলা আদালতে বতারিখ ১৫ই মে ১৭৮৬ সাল ইংরাজি মতাবক ৫ই মাহা জ্যেষ্ট সন ১১৯৩ সাল বাঙ্গালা –

ফরিয়াদি গৌরীকান্ত হালদার সাকিন কালীঘাট ভবানীপুরের চন্দ্রশেখর বন্দ্যোপাধ্যায়ের নামে দেবত্তর জমী ও পালার মোকদ্দমার নালিশের আরজি গোজরাইলেক। এই মজমুনে যে আমি দেবত্তর জমীন ও কালী ঠাকুরাণীর পালা সন ১১৫৫ সালে আশামীর নিকট বন্ধক রাখিয়া মবলক ২০১৷ দুই শত এক টাকা কর্জ লইয়াছিলাম এই করারে যে সুদ দরমাহা ফি শত৩/ তিন টাকা দুই আনার হিসাবে দিব। জমীন কমবেশ ১৮/ আঠার বিঘা ও ৺ পালা ফি সন আঠার দিবস দুই দুই দফা বন্ধক রাখিয়াছিলাম। মেয়াদ গুজেত্ত হইলে আশামী মজকুর আমার স্থানে মবলগ মঞ্জুর তলব করিলেক। আমি কহিলাম যে দশ পোনের রোজের মধ্যে মবলগ মজকুর তদবির করিয়া দিব। আসামী একথা শুনিবাতে জবর দস্তিতে জমী ও পালা মজকুর দখল করিয়া লইলেক। এ কারণ সন ১১৫৯ সালে নবাব বাহাদুরের আদালতে নালিশ করিয়াছিলাম আমার নবাব সাহেবের

ঢালিয়াত মকাম মজকুর আলি জমী ও পালা মজফুর আমাকে দখল দেওয়া ইয়া দিলেক। আমি পাঁচ সাত মাস দখল করিয়া আপন ছোট ভাইকে ঐ কর্ম্মে মকরর করিয়া দরবারে দোসরা মোকদ্দমার কারণ মুরসিদাবাদে যাইলাম ও সেখানে অসুস্থ হইলাম এবং দরবারে কথক দিন দেরি হইল কয়েক দিবস বাদে বাটী আসিয়া শুনিলাম যে আসামী মজকুর আমার ছোট ভাইকে চারি জনা পিয়াদা মহশীল দিয়া গোবিন্দপুর মোকামে কএদ করিয়া সকল জমীন ও পালা মজকুর দখল করিয়া লইলেক। তখন আমার মাতার কাল হইল একারণ কয়েক দিন বাটীতে দেরি হইল। পরে সন ১১৬৩ সালে কোম্পানী ইংরাজের আমল হইলে জমীদার মেস্তর গোলবর সাহেবের আমলে কোট ফাছারি নালিশ করিলাম। সেখানে অল্প বাকি ছিল যে আসামী ভজবিজ্রে কাহিল হয় ইহার মধ্যে মুৎসুদী লোক কহিলেক যে কালীঘাটের মকদ্দমা এ আদালতের এলাকা নাই এবং একারণ মকদ্দমা মাহকুপ রহিবার পরে সন ১১৯২ সালে বড় আদালতে মেস্তর ঐডর সাহেবকে উকিল ধরিয় নালিশ করিলাম। আশামী সমন পেয়ার করিয়া জামীন দিলেক মকদ্দমা রোয়দাদ হয় এমত কালে আমার উকিল অসুস্থ হইয়া মরিল দোসরা উকিল তল্লাস করিতে ছিলাম ইতিমধ্যে আশামী মজকুর কানু সাজিতে কসম করিয়া কহিলেক যে আমি আদালতের নিচে নহি সেই তারিখ অবধি পেরেসান হইয়া ফিরিতেছি

নকল কোৱালা

নকল সেহা ২২ই জুলাই ১৭৮৬ সাল ।

ইয়াদি কৃত সকল মঙ্গলালয় শ্রীচন্দ্র শেখর বন্দ্যোপাধ্যায়

সুচরিতেষু

লিখিতং শ্রীগৌরীকান্ত শর্ম্মণঃ কস্য পূজা ও ভূমি বিক্রয় পত্র মিদ কার্য্যনঞ্ঞাগে পরগণে খাষপুর সরকার সাতগা আমার অংশ মৌজে কালীঘাট, গ্রামের শ্রীশ্রীᵗ পূজা ও ভূমি সবৃক্ষাদি সতে তোমার স্থানে নগদ ২৬৩/০ দুই শত তেষট্টা দশ আনা মাদরাজী পাইয়া স্বেচ্ছা পূর্ব্বক বিক্রয় করিলাম। ᵗ পূজার অংশ মাফিক এবং ভূমির উপসত্ব পুত্র পৌত্রাদি ক্রমে পরম সুখে ভোগ করহ দান বিক্রয়ের সত্বাধিকার তোমার। আমার সহিত এবং আমার পুত্র পৌত্রাদির ওয়ারিষ সহিত দায় নাই কস্মিন কালে আমি ও আমার ওয়ারিস দাওয়া করে সে ঝুটা ও বাতিল একেবারে খরিদ পত্র দিলাম ইতি তাং ৩০শে চৈত্র সন ১১৫৪ সাল।

দস্তখত গৌরীকান্ত শর্ম্মণ সার্কিন কালীঘাট।

ইসাদী মোনোহর রায় কানুন গো । ইসাদী রাম প্রসাদ দাস।

জায় জমী।

নিজ কালীঘাট	১	চারি গ্রামে আমার অংশ
ভবানীপুর	১	জিম্মা যে আছে সবৃক্ষাত
কাশীপুর	১	সমেত দত্ত বদস্ত বিক্রয় করিলাম ।
গজসা	১	

ভূমি দানের তায়দাদ

(ঘ)—কৈফিয়ৎ বাজে জমীর রেওয়া মোতাবেকে জেলা ২৪ পরগণা

সাবেক নম্বর	হাল নম্বর	কি রকম বাজে জমি	ভূমিদাতার নাম	ভূমিগ্রহীতার নাম	তোলাবানের নাম	কি সত্ত্বে জমি ভোগ	সনাক্তের তারিখ	রকমের নাম	জমির পরিমাণ	পরগণার নাম	সনাক্তের নকল	দাখিলের সন তারিখ
৭৭৩৫ তায়দাদ ১২০৪ সাল ৭ জ্যোষ্ঠ	•	দেবত্তর	সন্তোষ রায়	৺কালীঠাকুরাণী সাং ৺কালীঘাট	৺কালীঠাকুরাণীর লেখাইত মনোহর গোসাঁই	সেবার্থ ৵	১২ জ্যোষ্ঠ ১১৫৭ সন	চক সি-তারাস	[illegible]	ঐ	নাই	১২০৯ সাল
৭৭৩৮ তায়দাদ ১২০৪ সাল ৭ জ্যোষ্ঠ	•	ঐ	ঐ	ঐ	ঐ	ঐ	...	[illegible]	৬৷০	নাহরা	...	...
২২০৮ তায়দাদ ১২০৪ । ৭ জ্যোষ্ঠ	...	ঐ	ঐ	দক্ষিণ রায় ঠাকুর সাং নগদেগোহান	ঐ	সেবার্থ	৯৫৮৮ ৭।০৫৮৮ ৯ জ্যৈষ্ঠ	লোহাটা	৩৷০	মাহরা	...	...
... ...	...	ঐ	সন্তোষ রায়	পঞ্চানন ঠাকুর	পার্বতী চরণ হালদার সাং কালীঘাট	ঐ	...	গড়পা	৭৷০	খাষপুর	নাই	...
৮২০২ তায়দাদ	০	দেবত্তর	সন্তোষ রায় চৌধুরী জমীদার গোকুল চন্দ্র হালদার	৺৺/কালী ঠাকুরাণীর সেবাইত গোকুল চন্দ্র হালদার	পার্বতী চরণ হালদার সাং কালীঘাট	৺কালী ঠাকুরাণীর সেবার্থে	...	কলিকাপুর	৩৷০	খাষপুর	নাই ১১৭৫ সালে নাগাইৎ ১১৯০ সাল বৎধন কোম্পানীবাহাদুর সরকারে জব্দ হইয়াছে তাহাতে বাহাল আছে	
ঐ	০	ঐ	ঐ	ঐ	ঐ	ঐ	...	ঐ	...	ঐ	ঐ	

* ... স্থান পোকা কাটা

হালদার ও সাবর্ণি জমিদার বংশীয় ব্যক্তিগণের প্রাদুর্ভাব সময়ের তুলনা

(ঙ)—বড়িষার সাবর্ণি জমীদার ও কালীর সেবাইত হালদার বংশীয় সমকালীন পুরুষগণের প্রাদুর্ভাব সময়ের তুলনা বিষয়ক নির্ঘণ্ট

কালীর সেবাইত	সাবর্ণি জমীদার	প্রাদুর্ভাবের সময়	পুস্তকে দ্রষ্টব্য পৃষ্ঠা
ভুবনেশ্বর ব্রহ্মচারী (কালীঘাট)	... ...	১৬শ শতাব্দীর মধ্যভাগ (আকবরের সময়)	৬৯—৭১
১ ভবানীদাস চক্রবর্তী (জামাতা)	কামদেব গঙ্গোপাধ্যায় ব্রহ্মচারী	১৬শ শতাব্দীর শেষভাগ	১২, ১৮
২ রাঘবেন্দ্র (পুত্র)	লক্ষ্মীকান্ত মজুমদার (পুত্র) (গোপালপুর)	১৭শ শতাব্দীর প্রথম ভাগ (মানসিংহের সমকালীন)	ঐ
৩ রামগোপাল (পুত্র)	গৌরহরি (পুত্র) (নিমতা বিরাটী)	ঐ মধ্যভাগ	৭৩, ৭৯
৪ রামবল্লভ (পুত্র)	শ্রীমন্ত (পুত্র)	ঐ শেষভাগ	৭৯, ১২৬
৫ বিশ্বনাথ (৩য় পুত্র)	কেশব রায়চৌধুরী (পুত্র) জমীদার (বড়িষা)	১৮শ শতাব্দীর প্রথম (মুরসিদকুলী ১৭২২	৭৯-৮১, ১২৬
৬ গোকুল হালদার (পুত্র)	সন্তোষ রায় (৪র্থ পুত্র)	ঐ মধ্য ও শেষ ভাগ (আলিবর্দি, ১৭৫১ ; ক্লাইভের বন্দোবস্ত ১৭৯৩	৭৫,৮২-৮৫, ১২৬, ১৩১
৭ পার্বতী হালদার (ভাতুষ্পুত্র)	রাজিবলোচন রায় (ভাতুষ্পুত্র)	১৯শ শতাব্দীর প্রথম ভাগ (১৮০৯)	৯৯, ১৩১

পরিশিষ্ট – চ

No. 4

FROM

GOVINDA PROSAD PUNDIT,
Deputy Collector of 24 Pergunahs

To

THE COLLECTOR OF 24-PERGUNAHS,
        Dated Alipore, 15th January
                1855.

Sir,

I have the honour to submit for sanction the accompanying cases of boundary disputes and Deb-sheba claims which have been decided by me in connexion with the settlement of Mehal Punchanna- gram. 2nd. In these cases the Holdings noted on the margin* are declared by their occupants to consist of Rent-free Debatter lands of Iswary Kally Thakurani of Kalighat, the profits of which have from time immemorial been exclusively appropriated to the Sheba of that idol.

[*Here, next page.]

Grand Division.	Sub-Division.	Number of Holding.	Survey area.			
			Bg.	Ka.	Ch.	Go.
6	E	From No. 5 to 14, 16 to 139, 142 to 168, 170 to 174, 176 to 178, 180, 182 to 212, 244 to 226, 228 to 230.				
		Total Holdings 219.	313	3	15	0
	F	1 to 114, 116 to 127.				
		Total Holdings 126	167	4	2	0
	M	314 to 316, 320 to 332, 334 to 335, 337 to 338, 340 to 347.				
		Total Holdings 22	42	1	12	1
	P	1 to 19, 24, 26 to 28.				
		Total Holdings 23	55	5	13	0
	Q	312A, 315 and 316.				
		Total Holdings 3	17	13	13	0
		Total Holdings 393	595	9	7	1

It is more over declared that the entire Mouzah Kalighat in which the lands are situated does not belong to Punchannagram but to Purgunah Khaspure.

3rd. With respect to the merits of these claims I beg to submit my opinion as follows :—

I have personally inspected all the Holdings and found them situated in Mouzah Kalighat as you will like wise perceive from the accompanying maps. No assessment appears to me to have been ever fixed on these lands.

I have examined the Chittas and Jamanbundee papers of 1200 B. S. of Punchannagram and of 1190 B. S. of Purganah Khaspure, neither of them comprise the lands of Mouzha Kalighat.
Whatever may have been the reason for this exclusion of the lands from previous measurement, there is no doubt however that the profits of the same are appropriated to the Sheba of the above named idol. The Mouzah itself is called after her name. According to the tradition and the Shastras of the Hindus, Kalighat is revered as a place of sanc- tity from time immemorial. Hindu pilgrims daily resort to the place from every part of India and the worship of the Kali is performed with solemnity from the profits of the lands dedicated to her and the offerings paid at her shrine by the pilgrims. The management of this worship and of the lands dedicated to this purpose being in the hands of the Haldars of Kalighat, most of the lands have been found in their occupation; there being no suspicious s to the fact of the appropriation of the profits of the lands to the service of the Idol (as it is well known to the public), evidence of witnesses to From the manner establish this seems unnecessary. in which the Sheba of the Idol is daily performed I am of opinion that the lands ought to be exempted from

asssessment with reference to the provisions of Regulation XIX of 1810 Sec. XVI.

4th. With reference to the Khaspure claim I have made every enquiry to ascertain whether Mouzha Kalighat belongs to Punchannagram [44]or to Purgunah Khaspure. I can trace out nothing on record by which I can declare that Mouzha belongs to Punchannagram. The chittas of 1200 B. S. do not mention that Mauzha nor shew the lands to have been measured as appertaining to Punchannagram, although Estate Huzoorimal which is situated in Mouzha Kalighat has been resumed and found out appertaining to Punchannagram. Yet I should think this circumstance alone cannot form a sufficient ground for considering the Mouzha or the lands under reference to belong to Punchannagram for estate Hoozurimal has been resumed as Lawaris property to which the right of Government no doubt extends wherever it may be situated.

5th. On the other side the lands are not also mentioned in the chittahs of 1190 B. S. of Pur-

---

[44]

gunah Khaspur. This would tend to the claim of the occupants, but then they say as Mouzah Kalighat entirely consisted of rent free lands which have from time immemorial been dedicated to the Sheba of Kali they were excluded from the measurement of 1190 B. S. as unfit for assessment.

This does not seem improbable, for, had the Mouzah been left unmeasured in 1190 B. S. from the consideration that it belonged to Punchannagram it would come under measurement in 1200 B. S. From the collectorate and civil court *Fyshalla* and *Robokaris* which have been produced by the occupants, from the Sunnunds &c shewn by the collectorat record keeper agreeably to all the local enquiries held by me in person and from the deposition of several witnesses which have been taken down, it would appear that the lands of Mouzha Kalighat belong to Purgunah Khaspure.

6th. Under these circumstances therefore I have excluded the lands from assessment subject to confirmation of higher authorities. My vernacular proceedings dated 7th Instant herewith accompany and will furnish any further information on the subject that may be required,

I have &c.
(Sd.) GOVINDA P. PUNDIT,
Deputy Collector.

শ্রীহরি শরণং ।

ইংরাজি সহি
পার্সী সহি

মোহর

৮১ নং সেহা
সন ১৮৬১। ৬২
কমিশনারের রেজেষ্টারির
নং ৩৬ সন ১৮৬০।
রোবকারি নদিয়া প্রদেশের রেভিনিউ কমিসনার কাছারি হাল
মোকাম আলীপুর বৈঠক শ্রীযুক্ত এফ্ লসিংটন সাহেব
কমিসনার সন ১৮৬১ সাল তারিখ ৩১ মে ।
জেল।

চব্বিশ পরগণা সংক্রান্ত

গবর্ণমেন্ট অব ইণ্ডিয়া   বাদী

কালীঠাকুরাণীর সেবাইত আনন্দচন্দ্র হালদার
প্রভৃতি.......

প্রতিবাদীগণ

ফকিরচন্দ্র হালদার ও ভগবতীচরণ হালদার ও কালীচন্দ্র হালদার ও রামচন্দ্র হালদার ও কিনুরাম হালদার প্রাণকৃষ্ণ হালদার ও নেপালচন্দ্র হালদার ও বীরেশ্বর হালদার ও বিশ্বেশ্বর হালদার ও যজ্ঞেশ্বর হালদার ও শ্যামাচরণ হালদার ও শিবচন্দ্র হালদার ও হরিমোহন হালদার ও ঈশ্বর চন্দ্র হালদার ও ঈশান চন্দ্র হালদার ও মহিমানাথ হালদার ও দীননাথ হালদার ও রামগোপাল হালদার ও শ্রীমত্যা জগদম্বা দেব্যা ও সুখময় হালদারের মাতা শ্রীমতি প্রসন্নময়ি দেব্যা ও রাজচন্দ্র হালদার ও শ্রীমতি মাতঙ্গিনী দেব্যা ও নিবারণ চন্দ্র বন্দ্যোপাধ্যায় ও শ্রীমতি রামকুমারী দেব্যা ও দেবনারায়ণ বন্দ্যোপাধ্যায় ও কমলাকান্ত হালদার সায়েলান্। গবর্ণমেন্টের খাস মহল ৫৫ গ্রামের অন্তঃপাতী ডেপুটী কালেক্টর শ্রীযুক্ত মেঃ হেসাম সাহেবের প্রেরিত লিস্টির লিখিত ৫৯৫ । ৪ /৩/৫ বিঘা নিষ্কর · দেবত্তর ভূমির সিদ্ধাসিদ্ধের তদন্তের বিষয়।

অত্র পূর্ব্বে উক্ত জেলার শ্রীযুক্ত কালেক্টর সাহেব সন ১৮৬০ সালের ১২ মার্চ দিবসীয় রোধকারী এবং ইংরাজী রায়ের লিখিত বিবরণ মতে বিবাদী ৫৯৫।৪।৩।৫ বিঘা ভূমির মধ্যে ।·৩ কাঠা ভূমির খারিজ বাদে ৫৯৫/৪।৫ বিঘা ভূমি কালীঘাটের অসিদ্ধ নির্ভর বিবেচনায় বাজাপ্ত অভিপ্রায় করিয়া নথির কাগজাৎ সন ১৮১৯ সালের ২ আইনের ২০ ধারার বিধান মতে এস্তাহার জারী হওয়াতে সায়লান্ উক্ত ভূমি সিদ্ধ দেবোত্তর প্রমাণার্থ সন

১২০৪ সালের তায়দাদের নকল ইত্যাদি দলিলাত সম্বলিত উক্ত ভূমি কর গ্রহণের শ্রেণী হইতে মুক্ত পাইবার প্রার্থনা করাতে তাহা নথির কাগজাতের সহিত অবলোকন ও প্রণিধানানন্তর সন ১৮৬০ সালের ২৯ আগষ্ট দিবসীয় ১৬৩ নম্বরি রিপোর্টে বিরোধীয় ভূমি গবর্ণমেন্টের খাষ মহল ৫৫ গ্রামের মধ্যগত না থাকায় ঐ ভূমির উপসত্ত্ব ধর্ম্ম বা দানের কর্ম্মে ব্যয় হওয়ার বিস্তারিত বিবরণ লিপি পূর্ব্বক বোর্ডের সন ১৮৪০ সালের ১৬ সেপ্টেম্বর দিবসীয় ৫৪২ নম্বরি সাধারণ লিপির ৪ দফার মর্ম্মানুসারে কর গ্রহণের শ্রেণী হইতে মুক্ত দিবার অভিপ্রায়ে বোর্ডে পাঠান হইয়াছিল। প্রতাপান্বিত বোর্ডের সাহেবান্ নথির কাগজাৎ তলব ও অবলোকন করিয়া সন ১৮৬০ সালের ১৪ ডিসেম্বর দিবসীয় ৬৬৫ নম্বরী রিপোর্টে বিস্তারিত বিবরণ লিপি পূর্ব্বক এ পক্ষের মঞ্জুর করিয়া গবর্ম্মেন্টে পাঠাইয়াছিলেন। তাকার চলিত সনের ১৬ জানুয়ারী দিবসীয় ৬৪৫ নম্বতি চিঠির দ্বারা ঐ অভিপ্রায় মঞ্জুর হওয়াতে এ পক্ষের তলব মতে বোর্ডের ১৯ ফেব্রুরারী দিবসীয় ৮৫ নম্বরি চিঠীর দ্বারা কাগজাৎ পুনরাগত হওয়াতে সন ১৮১৯ সালের ২ আইনের ২১ ধারায় মর্ম্মমত উক্ত ভূমি মুক্ত দিবার হেতু বাদে নিম্নে প্রকটন করা যাইতেছে যদিচ শ্রীযুক্ত কালেক্টর সাহেব স্বীয় সন ১৮৬০ সালের ২৪ মার্চ দিবসীর রোবকারী এবং ইংরাজী রায়ে লিখিতেছেন যে বিবাদী ভূমির চারিদিকেই ৫৫ গ্রামের জমী থাকা বিধায়ে ঐ ভূমি ৫৫ গ্রামের শামিল

বিবেচনা করিয়া সন ১৭৯৩ সালের ১৯ আইনের ২৫ ধারায় বিধান মতে তায়দাদ দাখিল না থাকা হেতু ঐ জমী লাখেরাজ হইতে না পারা বোধে হুজুরিমল্ল বাবুর নামীয় সন ১১৭৬ সালের ১৮ চৈত্র দিবসীয় এওজী জমীর সনন্দের নকল অমূলক জ্ঞানে রাজে আপ্তের অভিপ্রায় করিয়াছেন কিন্তু সায়েলান্‌ এ পক্ষের সমীপে সন ১২০৪ সালের তায়দাদের নকল যে যে দাখিল করিয়াছে তাহাই উক্ত ২৫ ধারায় বিধানোক্ত নাথেরাজের রেজেষ্টরি প্রযুক্ত সেই রেজষ্টরিতে উক্ত ভূমি ৺ কালী ঠাকুরাণীর দেবোত্তর সংজ্ঞার লিখিত থাকার প্রমাণ হইয়াছে এবং সেই রেজষ্টরির কৈফিয়াতে ইংরাজী ১৭৮০ সাল বাঙ্গালা সন ১১৮৭ সালের মূল সনন্দ গৃহদাহে নষ্ট হওয়ায় বিবরণ এবং সত্যযুগে সভী অঙ্গ পতন সময়ে ক্ষত্রিয় নৃপতিতে উক্ত ভূমি দান করার কথা লিখিত আছে সেই নৃপতিরা কত শত বৎসর পূর্ব্বে এতদ্দেশে রাজত্ব করিয়াছে তৎকর্তৃক ঐ ভূমি দান হওয়ার বিষয় উপন্যাসের স্বরূপ জনশ্রুতি অনুসারে সচরাচর গোচর আছে আর সরকারের রাজ্যাধিকারের অর্থাৎ দেওয়ানী আমলের পূর্ব্বাবধি কালীঘাটের ভূমি যে নিষ্কর দেবোত্তর ছিল তাহা গবর্ণমেন্টের অর্পিত হুজুরীমল্ল সীকের নামীয় সন ১১৭৬ সালের ১৮ চৈত্র দিবসীয় সনন্দের দ্বারায় প্রতীয়মান হইতেছে যেহেতুক গবর্ণমেন্ট ঐ হুজুরীমল্লের কৃতকর্ম্মের উপকার স্বীকার পূর্ব্বক তাহাকে ভূমি দান করিয়া যে সনন্দ অর্পণ করিয়াখছেন ঐ সনন্দে খাযপুর পরগণায় কালীঘাটের দেবোত্তর

ভূমির মধ্য হইতে ১১/ বিঘা জমি লইয়া তৎপরিবর্তে ঐ কালীঠাকুরাণীর সেবাইতদিগকে সরকারের খাস মহল ৫৫ গ্রামের অন্তঃপাতী মুদিসাহা নগর মৌজায় ততুল্য পরিমাণ এওজ দিবার কথা লিখিত আছে। অতএব এক্ষণে যে ভূমির সম্বন্ধে নিষ্কর সিদ্ধাসিদ্ধির তদন্ত উপস্থিত, উইয়াছে তাহা উক্ত সনন্দভুক্ত ভূমির অবশিষ্ট অংশ থাকার স্বরূপতার বিষয়ে অবিশ্বাস করা যাইতে পারে না আর প্রতিবাদী হালদারেরা বিরোধীয় ভূমি গবর্ণমেন্টের খাস মহল ৫৫ গ্রামের সীমার বহির্গত থাকার প্রমাণ পক্ষে যে আপত্য করিয়াছে তাহা যথার্থই স্বীকার করিতে হইবেক কারণ গমর্ণমেন্টের রাজ্যাধিকারের ৩০ বৎসর পূর্ব্বে ৫৫ গ্রাম দিল্ল্যাধিপতি ৰাদসাহার স্থানে দান পাইয়াছিলেন তাহাতে খাষপুর পরগণায় কোন গ্রাম যদিও ঐ ৫৫ গ্রামের শামিল হইয়া থাকে কিন্তু ৫৫ গ্রামের সন ১১৮৮ ও সন ১২০০ সালের জরিপী চিঠায় তাহার শামিল ੮ কালীঘাট নামক গ্রাম জরিপ হওয়া দেখা যায় না। অতএব কালীঘাটের দেবোত্তর ভূমির প্রতি কর অবধারিতে দাওয়া করিতে হইলে গবর্ণমেন্ট ৫৫ গ্রামের জমিদারী সত্বে কি রাজত্ব সত্বে তাহা করিবেন এই তর্কের মীমাংসা ও সুকঠিন। অতএব ঐ ভূমি বহুকাল হইতে দেবোত্তর সংজ্ঞায় ধান হওয়া তাহার উপসত্ব অবিচ্ছেদে সেবা ও পূজা আদি ধর্ম্ম বা দানের কার্য্যে ব্যায় হইয়া আসা এবং কালীঘাট যে হিন্দুদিগের প্রকাশ্য দেবস্থলি পীঠস্থান তাহা ভারতবর্ষীয় আপামর সাধারণে

ব্যক্ত থাকায় এপক্ষ কর্তৃক উক্ত ভূমি কর গ্রহণের শ্রেণী ইতে মুক্ত দিবার যে অভিপ্রায় হইয়াছিল শ্রীযুক্ত বোর্ড রেভেনিউর সাহেবান তাহাই গ্রাহ্য পূর্ব্বক দৃঢ়রূপে অনুরোধ করাতে শ্রীল শ্রীযুক্ত বাঙ্গালা গবর্ণমেন্ট বাহাদুর উক্তভূমি কর গ্রহণের শ্রেণী হইতে মুক্ত দিবার আজ্ঞা করিয়াছেন অতএব

হুকুম হইল যে বিরোধিয় ৫৯৫/৪/৫ বিঘা ভূমি কর গ্রহণের শ্রেণী হইতে মুক্ত দেওয়া যায় আর মিছিলের কাগজাত ও বোর্ড ও গবর্ণমেন্টের চিঠির নকল এই রোবকারীর প্রতিলিপীর দ্বারায় শ্রীযুক্ত কালেক্টর সাহেবের নিকট পাঠান যায় আর সায়লানের দাখিলি দলিল ফেরত দেওয়া যায় ইতি।

অদ্য আগত হইয়া হুকুম হইল যে রেজিষ্টরিতে দরজ করা যায় অত্র রোবকারীর লিখিত ভূমি ৫৫ গ্রাম হইতে খারিজ দেওয়া যায় এবং নকসা চিহ্নিত করা যায় আর কাগজাৎ ইনফেসানিতে রাখা যায়।

নীচে বৈবরণিক মানচিত্র দেওয়া হইল

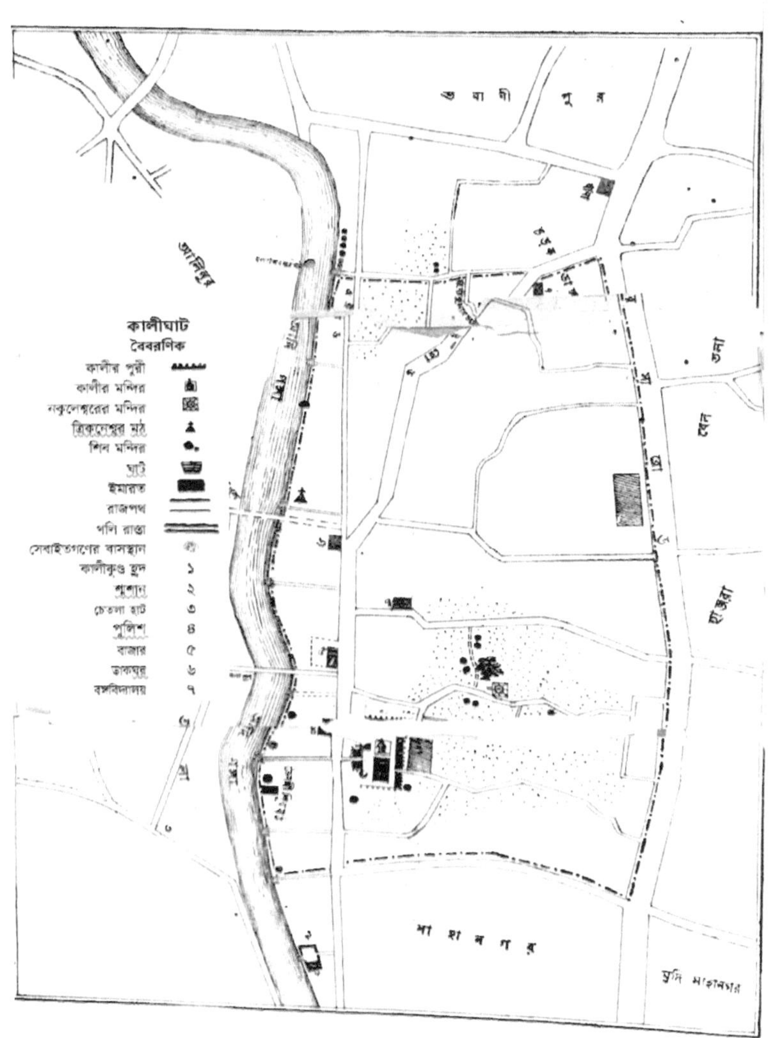

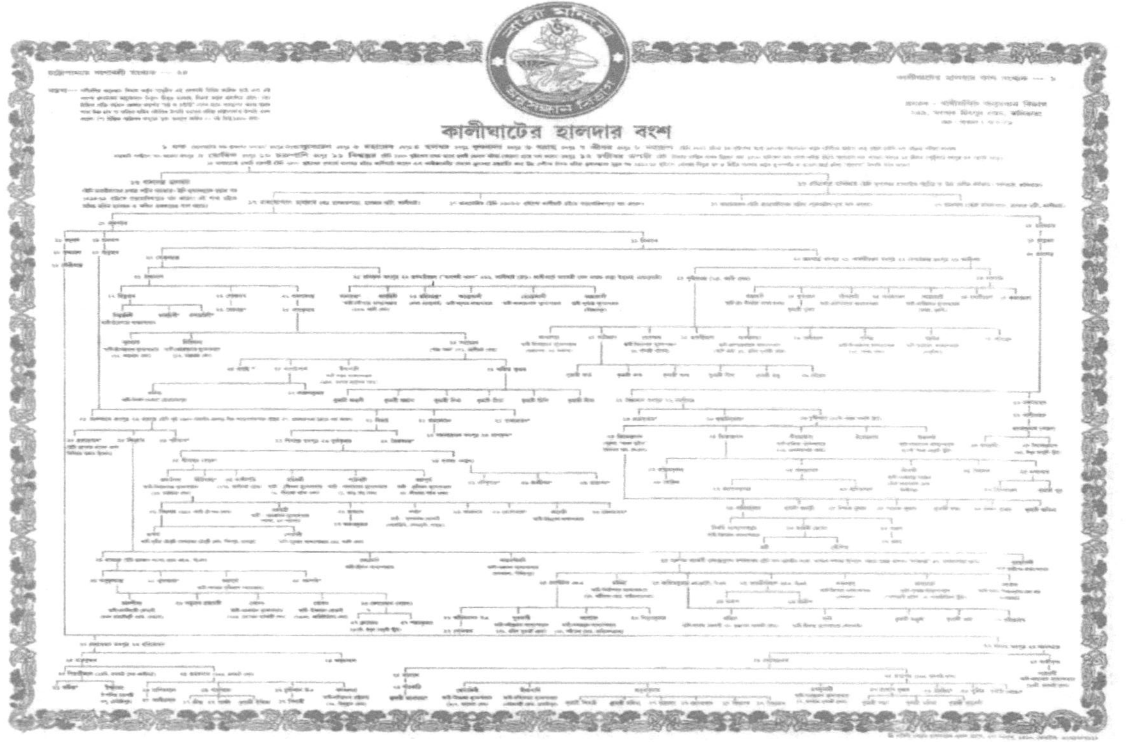
কালীঘাটের হালদার বংশ

Certified copy of suit between Government of India vs Sebayets of Kali Mata Thakurani 1861.

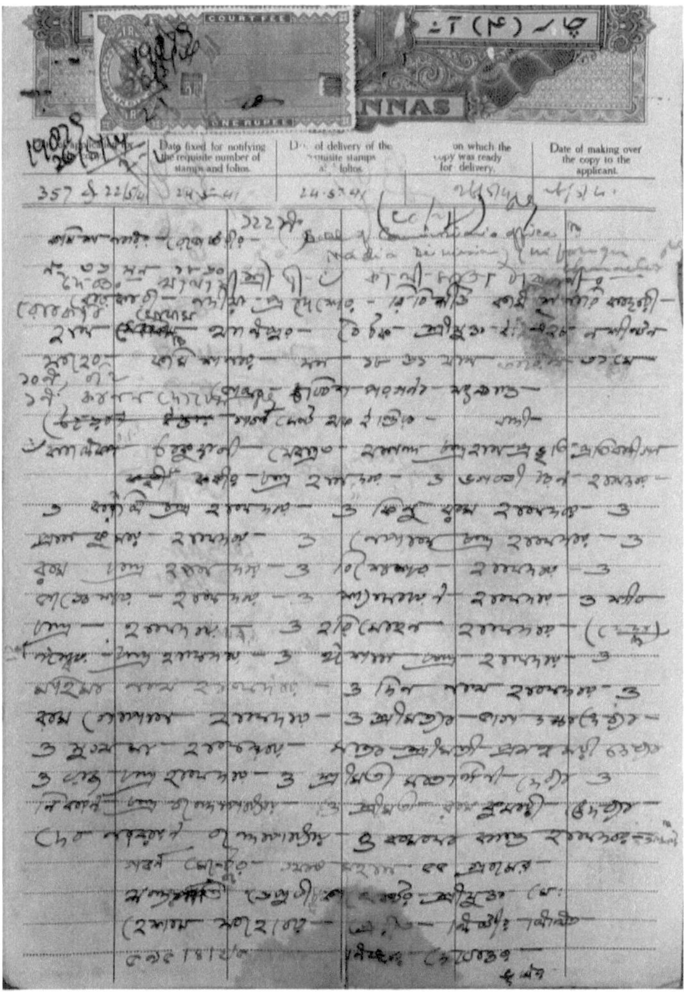

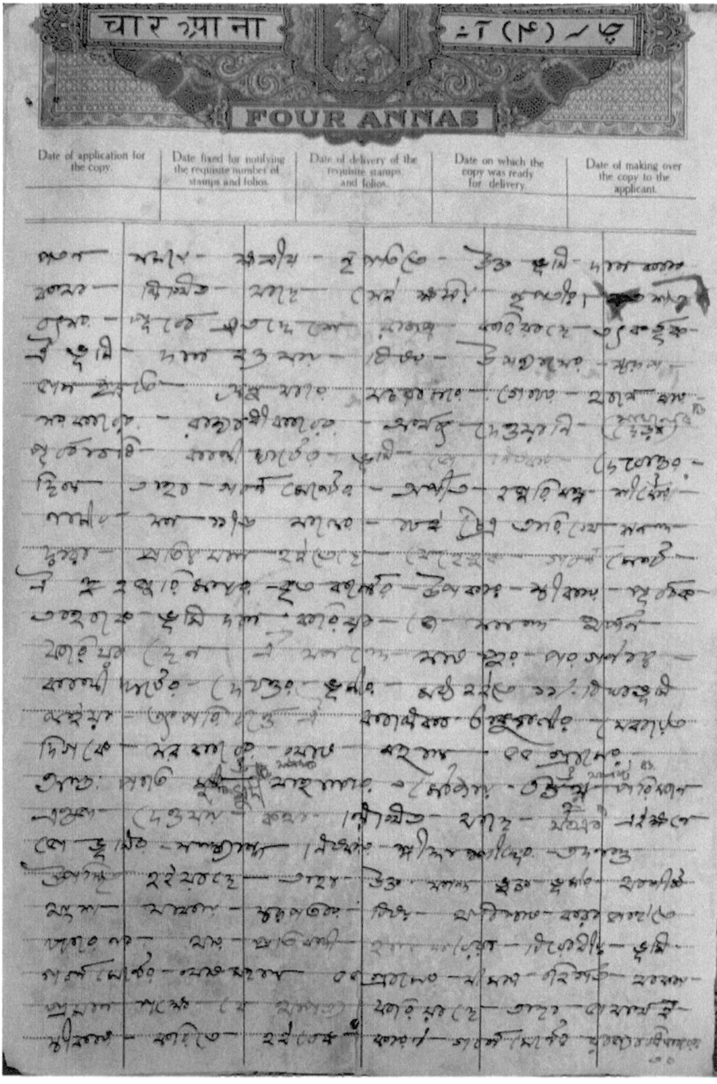

Date of application for the copy.	Date fixed for notifying the requisite number of stamps and folios.	Date of delivery of the requisite stamps and folios.	Date on which the copy was ready for delivery.	Date of making over the copy to the applicant.

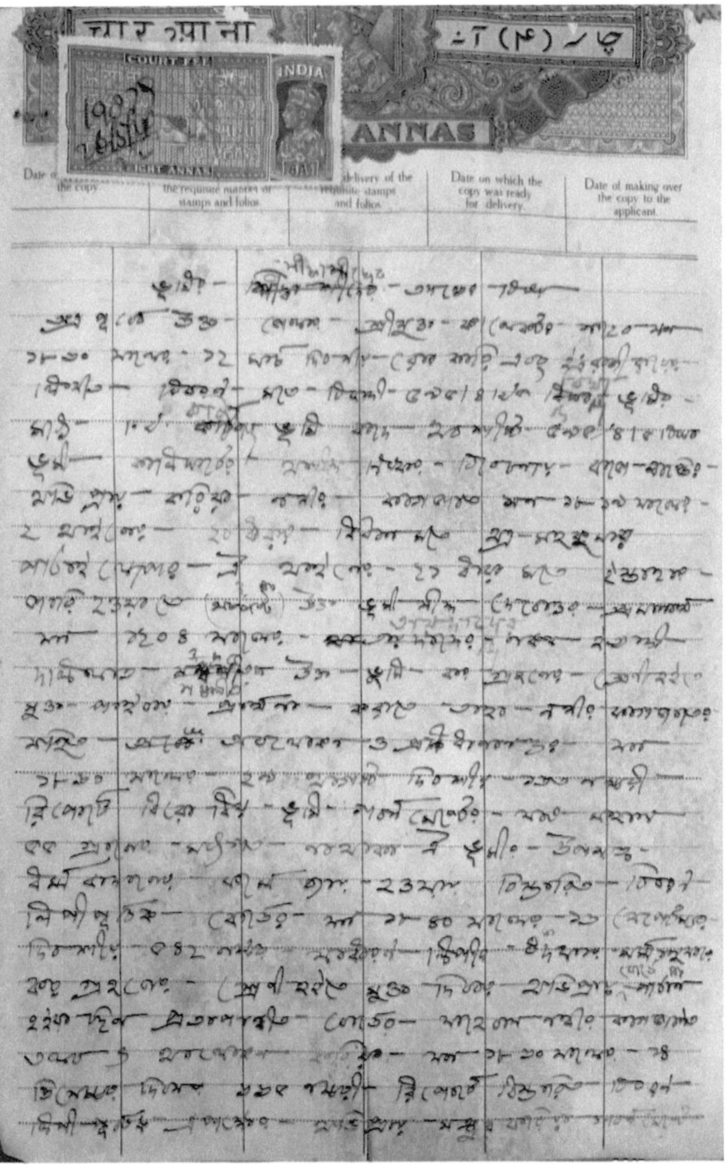

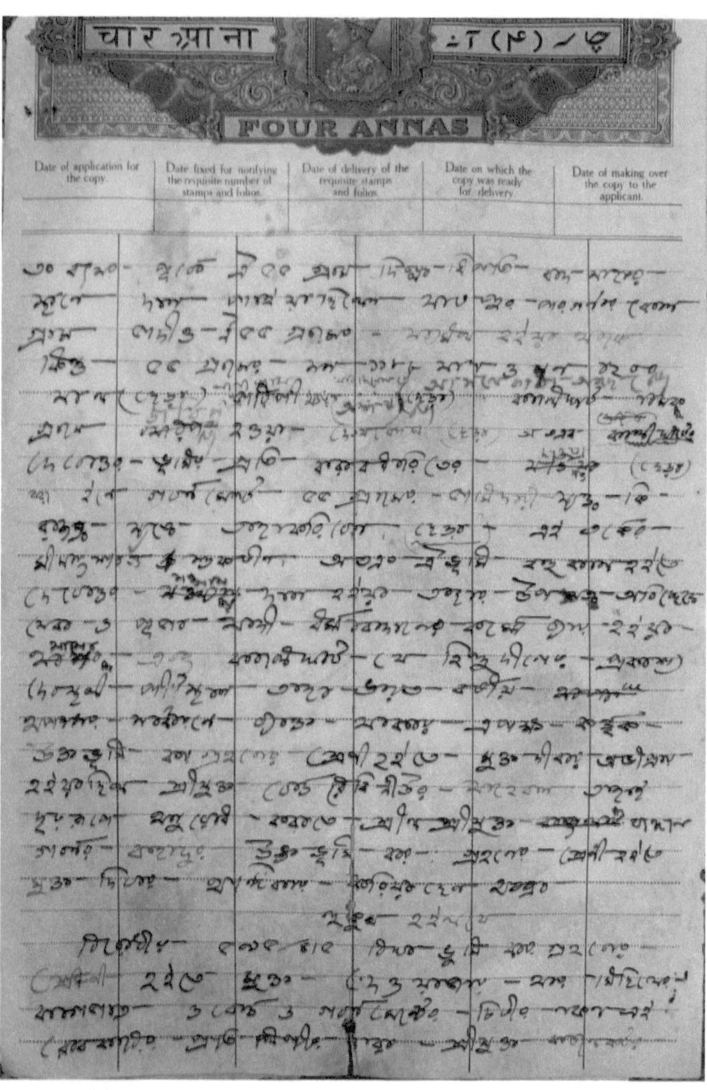

Date of application for the copy.	Date fixed for notifying the requisite number of stamps and folios.	Date of delivery of the requisite stamps and folios.	Date on which the copy was ready for delivery.	Date of making over the copy to the applicant.

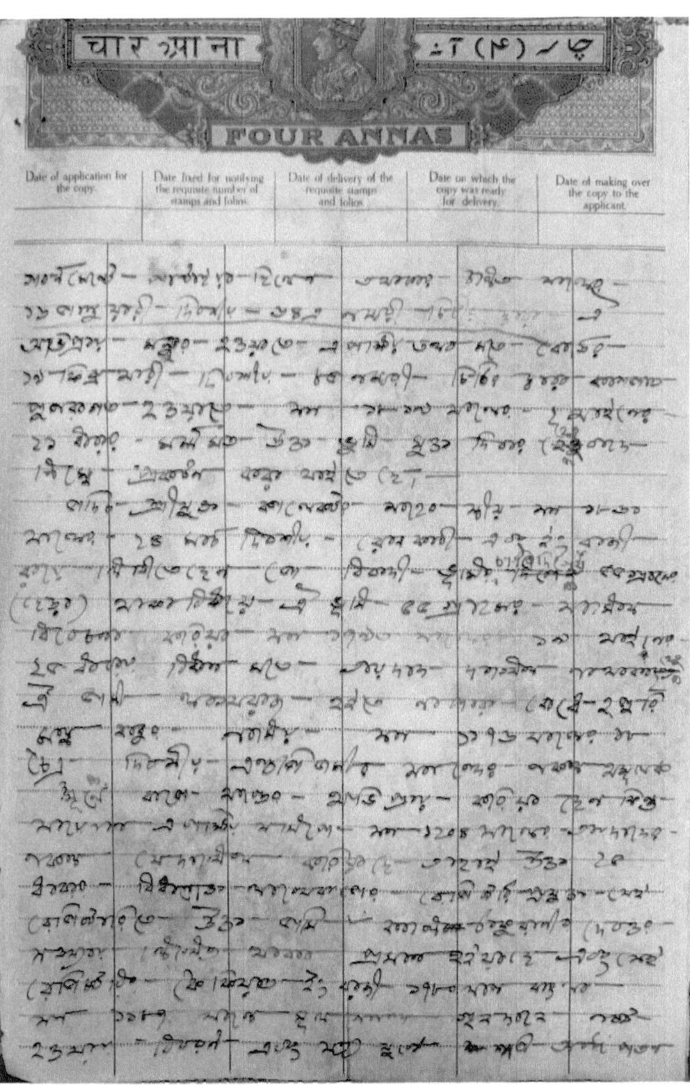
চার আনা
FOUR ANNAS
Date of application for the copy.
Date fixed for notifying the requisite number of stamps and folios.
Date of delivery of the requisite stamps and folios.
Date on which the copy was ready for delivery.
Date of making over the copy to the applicant.

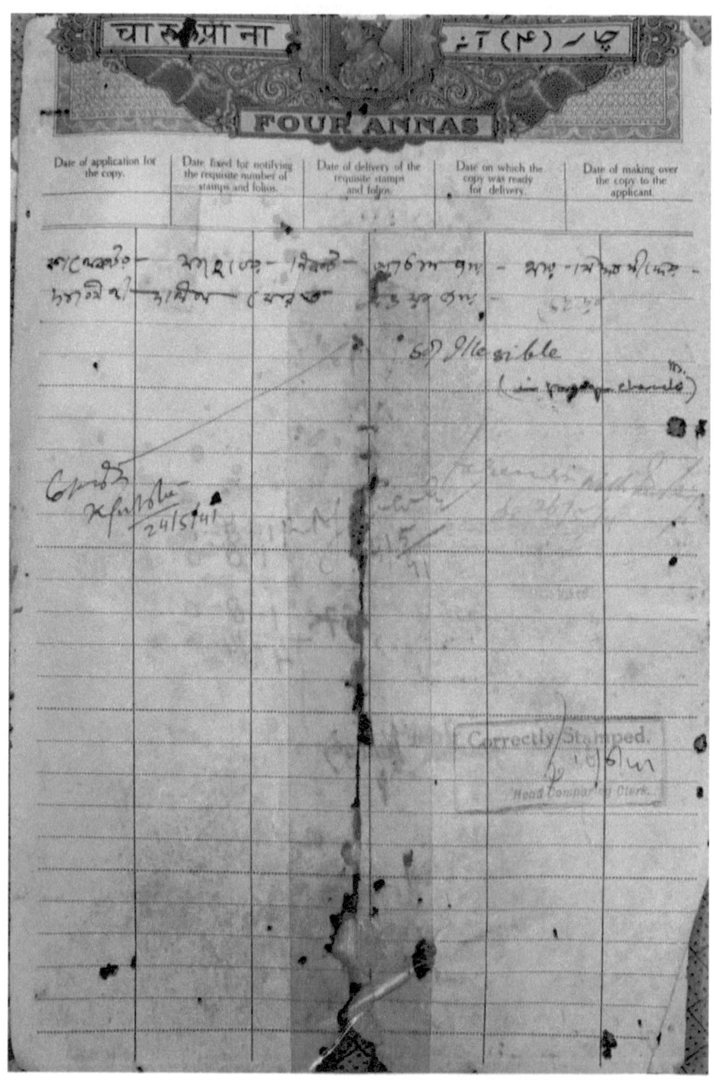